Rundfunk und Datenschutz

Studien zum deutschen und europäischen Medienrecht

herausgegeben von Dieter Dörr

mit Unterstützung der Dr. Feldbausch Stiftung

Bd. 13

PETER LANG

Frankfurt am Main · Berlin · Bern · Bruxelles · New York · Oxford · Wien

Dieter Dörr/Stephanie Schiedermair

Rundfunk und Datenschutz

Die Stellung des Datenschutzbeauftragten
des Norddeutschen Rundfunks

Eine Untersuchung
unter besonderer Berücksichtigung
der verfassungsrechtlichen
und europarechtlichen Vorgaben

PETER LANG
Europäischer Verlag der Wissenschaften

Bibliografische Information Der Deutschen Bibliothek
Die Deutsche Bibliothek verzeichnet diese Publikation in der
Deutschen Nationalbibliografie; detaillierte bibliografische
Daten sind im Internet über <http://dnb.ddb.de> abrufbar.

ISSN 1438-4981
ISBN 3-631-50376-8

© Peter Lang GmbH
Europäischer Verlag der Wissenschaften
Frankfurt am Main 2002
Alle Rechte vorbehalten.

www.peterlang.de

Vorwort

Die nachfolgende Abhandlung gibt ein Gutachten wieder, das die Verfasser für den Datenschutzbeauftragten des NDR erstellt haben. Der Datenschutz im öffentlich-rechtlichen Rundfunk und die Stellung des Datenschutzbeauftragten sind schon seit geraumer Zeit Gegenstand medienrechtlicher Abhandlungen. Dies liegt einmal daran, dass beim Datenschutz im öffentlich-rechtlichen Rundfunk stets auch die Rundfunkfreiheit gebührend berücksichtigt werden muss. Zum anderen ist der Staatsfreiheit des öffentlich-rechtlichen Rundfunks und seiner Autonomie bei der verfahrensrechtlichen Ausgestaltung des Datenschutzes hinreichend Rechnung zu tragen. Dies zeigt sich insbesondere in der besonderen Stellung, die die Datenschutzbeauftragten der jeweiligen öffentlich-rechtlichen Rundfunkanstalten innehaben. Zudem ist es mit der Autonomie und der Staatsferne des öffentlich-rechtlichen Rundfunks nicht vereinbar, den Datenschutz im öffentlich-rechtlichen Rundfunk ganz oder teilweise den Landesdatenschutzbeauftragten zu übertragen. Schließlich werden der Datenschutz im öffentlich-rechtlichen Rundfunk und die Stellung des Datenschutzbeauftragten auch vom europäischen Recht mehr und mehr beeinflusst. Insbesondere ist die einschlägige Richtlinie über den Datenschutz bei der landesrechtlichen Ausgestaltung zu beachten. Die dem Landesgesetzgeber insoweit zukommenden Gestaltungsspielräume sind dabei allerdings stets unter Beachtung der verfassungsrechtlichen Vorgaben zu nutzen.

Mainz, im August 2002   Dieter Dörr

Inhaltsverzeichnis

I. Einleitung

Die rechtliche Stellung der Datenschutzbeauftragten bei den öffentlich-rechtlichen Rundfunkanstalten ist schon seit einiger Zeit Gegenstand intensiver Diskussionen. Sie ist bei den jeweiligen Landesrundfunkanstalten, den Mehrländeranstalten, dem ZDF, dem Deutschlandradio und der Deutschen Welle in den einschlägigen Gesetzen unterschiedlich ausgeprägt. Für den Datenschutz im Rundfunk sind aber nicht nur die jeweiligen einfachgesetzlichen Regelungen, im Fall des NDR also insbesondere § 41 NDR-StV, maßgeblich.[1] Vielmehr enthält auch das Verfassungsrecht wichtige Vorgaben für die Stellung des Datenschutzbeauftragten beim öffentlich-rechtlichen Rundfunk, die der einfache Gesetzgeber berücksichtigen muss.[2] Hinzu kommen die immer wichtiger werdenden Vorschriften des Europarechts[3], die hier wegen der Umsetzung der EG-Datenschutzrichtlinie besondere Brisanz besitzen.[4] Zwar ist eine Novellierung des Bundesdatenschutzgesetzes (BDSG) zur Umsetzung der von der Richtlinie vorgegebenen Ziele auf Bundesebene im Mai 2001 erfolgt.[5] Es wurde aber bereits eine zweite Stufe der Novellierung angekündigt,

---

[1] Vgl. unter III. Die einfachgesetzliche Ausgestaltung der Rechtsstellung des Datenschutzbeauftragten beim NDR.

[2] Vgl. unter II. Die verfassungsrechtlichen Vorgaben für die Stellung des Datenschutzbeauftragten beim NDR.

[3] Vgl. unter IV. Die europarechtlichen Vorgaben für die Stellung des Datenschutzbeauftragten beim NDR.

[4] Richtlinie 95/46/EG zum Schutz natürlicher Personen bei der Verarbeitung personenbezogener Daten und zum freien Datenverkehr vom 24.10.1995. Abgedruckt im Amtsblatt EG L 281 vom 13.11.1995, 31. Zur Entstehungsgeschichte der Richtlinie *Kopp*, RDV 1993, 1.

[5] Der Deutsche Bundestag hat am 7.4.2001 dem Gesetzesentwurf der Bundesregierung vom 14.6.2000 zur Änderung des Bundesdatenschutzgesetzes mit einigen Änderungen zugestimmt. Das Gesetz hat am 11.5.2001 den Bundesrat passiert und trat am 23.5.2001 in Kraft. Damit ist die Datenschutzrichtlinie 95/46/EG vom 24.10.1995 auf Bundesebene in nationales Recht umgesetzt worden, nachdem die EU-Kommission bereits ein Vertragsverletzungsverfahren gemäß Art. 226 EG gegen die Bundesrepublik Deutschland wegen Säumnis der Richtlinienumsetzung eingeleitet hat. Vgl. den Beschluss des Bundesrates vom 11.05.2001, veröffentlicht im Bundesgesetzblatt am 22.05.2001, BGBl. 2001 Teil I Nr. 23, 904 ff. Das Gesetzgebungsverfahren zur Novelle des BDSG skizziert *Bizer*, DuD 2001, 41. Zur Umsetzung der Richtlinie

deren Kernziele eine *Modernisierung* und gleichzeitige *Vereinfachung* des Datenschutzrechts sein sollen.[6] Die erste Novelle des BDSG stellt daher nur eine Übergangsversion zur Erreichung der Richtlinienkonformität dar.[7] Zudem müssen die Länder in ihren Bereichen die Richtlinie umsetzen, was bisher zum Teil zu Änderungen in den jeweils einschlägigen Landesgesetzen geführt hat.[8] Auf Bundes- wie auf Länderebene sind daher weitere Änderungen im Zuge der vollständigen Umsetzung der EG-Richtlinie zu erwarten. Die Vorschläge für eine grundlegende Neugestaltung des deutschen Datenschutzrechts sind bereits zahlreich.[9] In diesem Zusammenhang erweisen sich auch die verfassungsrechtlichen Rahmenbedingungen für eine mögliche weitere Umsetzung der Richtlinie und eine damit verbundene grundlegende Umges-

---

Gerhold/Heil, DuD 2001, 377; *Roßnagel/Pfitzmann/Garstka*, DuD 2001, 253. Hierbei handelt es sich genau genommen um die zweite grundlegende Novellierung des BDSG. Die erste Novelle erfolgte 1990 als Reaktion auf innerstaatliche Entwicklungen, insbesondere das Volkszählungsurteil von 1983, BVerfGE 65, 1. Zur aktuellen BDSG-Novellierung *Gola/Klug*, NJW 2001, 3747.

[6] Als Basis für diese weitere Stufe der Novellierung auf Bundesebene dient das vom Bundesministerium des Innern herausgegebene Gutachten von *Roßnagel/Pfitzmann/Garstka*, Modernisierung des Datenschutzrechts. Die grundlegende Neuordnung des Datenschutzes insgesamt trat durch die von den Ereignissen des 11.9.2001 ausgelöste Diskussion um die Ausgestaltung des Datenschutzrechts für die Sicherheitsbehörden zeitweilig in den Hintergrund. Nachdem nun das zweite Sicherheitspaket mit seinen bereichsspezifischen datenschutzrechtlichen Regelungen am 9.1.2002 in Kraft getreten ist, konzentriert sich die datenschutzrechtliche Diskussion erneut auf die angestrebte grundlegende Reform. Zur zweiten Novellierungsstufe des BDSG auch *Jacob*, DuD 2000, 5; *Simitis*, DuD 2000, 12.

[7] So *Schild*, DuD 2002, 189, der allerdings bezweifelt, dass mit der ersten Novellierung des BDSG die Richtlinie schon vollständig in deutsches Recht umgesetzt worden ist.

[8] Der Hessische Landtag hat bereits am 28.10.1998 das für die Verwaltungen und Einrichtungen des Landes, der Gemeinden und Landkreise geltende Hesssische Datenschutzgesetz novelliert. Hessen hat damit als erstes Bundesland die Richtlinie umgesetzt. Hierzu *Arlt*, DuD 1998, 12; *Rost*, Umsetzung der EG-Datenschutzrichtlinie durch das neue Hessische Datenschutzgesetz, www.hessennet.de/kgrz/Info/Kontakt/Seite3_4.htm. Die novellierte Fassung des HessDSG ist kommentiert bei *Nungesser*, HessDSG. Zu den richtlinienbedingten Änderungen im BayDSG *Wilde*, RDV 2001, 36.

[9] Vgl. zum Beispiel *Arbeitskreis des Berufsverbandes der Datenschutzbeauftragten Deutschlands (BvD e.V.)*, DuD 2001, 271; *Bizer*, DuD 2001, 274; *Roßnagel/Pfitzmann/Garstka*, DuD 2001, 253; *Weichert*, DuD 2001, 264.

taltung des Datenschutzrechts in Deutschland als wichtige Vorgaben der deutschen Rechtsordnung. Eine umfassende Neuordnung des Datenschutzrechts, die auch die Stellung des Datenschutzbeauftragten beim Rundfunk betreffen könnte, muss sich sowohl an den europarechtlichen als auch an den nationalen verfassungsrechtlichen Vorgaben orientieren. Die folgenden Ausführungen beleuchten daher die Stellung des Datenschutzbeauftragten beim NDR unter besonderer Berücksichtigung der verfassungs- und europarechtlichen Vorgaben.

II. Die verfassungsrechtlichen Vorgaben für die Stellung des Datenschutzbeauftragten beim NDR

1. Der Datenschutz und die Rundfunkfreiheit

Bei der Ausgestaltung des Datenschutzes im besonderen Bereich des Rundfunks stellen sich aus verfassungsrechtlicher Sicht zwei grundlegende Probleme, die eng miteinander verbunden sind. Zum einen handelt es sich beim Rundfunk und beim Datenschutz um grundrechtlich geschützte Bereiche, so dass grundrechtliche Konfliktlagen zwischen beiden Sachbereichen naheliegend erscheinen. Zum anderen stellt sich die Frage, ob der Bund oder die Länder die Kompetenz zur Regelung des Datenschutzes im Rundfunk innehaben. Beide Problemkomplexe – die grundrechtliche Konfliktlage und die Kompetenzfrage – sind über die besondere verfassungsrechtliche Stellung des Rundfunks eng miteinander verbunden. Die Rundfunkfreiheit wird in Art. 5 Abs.1 Satz 2 GG umfassend garantiert, wobei insbesondere die Programmfreiheit gegen Einflüsse außerhalb des Rundfunks geschützt werden soll.[10] Das „Recht auf informationelle Selbstbestimmung"[11] als verfassungsrechtliche Grundlage des Datenschutzes wurde vom Bundesverfassungsgericht entwickelt und findet seine Grundlage im allgemeinen Persönlichkeitsrecht des Art. 2 Abs. 1 iVm. Art. 1 Abs. 1 GG.[12]

Im Bereich des Datenschutzes im Rundfunk schlägt sich die grundrechtliche Kollisionslage zwischen der Rundfunkfreiheit, die für die Information der Bevölkerung einer demokratischen Gesellschaft unerlässlich ist, und dem Recht des einzelnen auf Schutz seiner Daten exemplarisch nieder. Der Daten-

---

[10] Hierzu *BVerfGE* 59, 231, 260; 87, 181, 201; 90, 60, 88.

[11] Zur Entwicklung des Rechts auf informationelle Selbstbestimmung *Kunig*, Jura 1993, 595.

[12] *BVerfGE* 65, 1, 41 ff.; 78, 77, 84. Seit *BVerfGE* 84, 239, 280 verwendet das Gericht auch den Begriff „Grundrecht auf Datenschutz". Kritisch zum Recht auf informationelle Selbstbestimmung *Duttge*, Der Staat 36, 281; *ders.*, NJW 1998, 1615; ebenso *Krause*, JuS 1984, 268; von einer „Erfindung" spricht *Diederichsen*, Jura 1997, 57, 59.

schutzbeauftragte beim öffentlich-rechtlichen Rundfunk muss die Belange des Datenschutzes dementsprechend unter Berücksichtigung der grundrechtlichen Freiheit der Rundfunkanstalten verfolgen. Die Stellung des Datenschutzbeauftragten beim öffentlich-rechtlichen Rundfunk ist daher verfassungsrechtlich von zwei Elementen beeinflusst: Zum einen der effektiven Durchsetzung des verfassungsrechtlich gewährleisteten Datenschutzes, zum anderen der Beachtung der grundrechtlich geschützten Rundfunkfreiheit. Zur Kennzeichnung der Stellung des Datenschutzbeauftragten beim öffentlich-rechtlichen Rundfunk soll deshalb zunächst die genaue verfassungsrechtliche Stellung des öffentlich-rechtlichen Rundfunks erörtert werden.[13] Hieraus ergeben sich wichtige verfassungsrechtliche Weichenstellungen für die grundrechtliche Abwägung zwischen Datenschutz einerseits und Rundfunkfreiheit andererseits[14] sowie für die Frage, wer die Regelungskompetenz im Bereich des Datenschutzes im Rundfunk innehat.[15] Zuletzt sollen die konkreten verfassungsrechtlichen Konsequenzen für die Rechtsstellung des Datenschutzbeauftragten beim NDR aufgezeigt werden.[16]

2. Die grundrechtlich geschützte Rundfunkfreiheit und das Gebot der Staatsferne des öffentlich-rechtlichen Rundfunks

a) Die Rundfunkfreiheit als dienende Freiheit

Das Bundesverfassungsgericht hat als authentischer Interpret des Grundgesetzes aus der knappen Bestimmung des Art. 5 Abs. 1 Satz 2 GG differenzierte und weitgehende Anforderungen an die Rundfunkordnung in der Bundesrepublik Deutschland entwickelt. Es ist hier nicht der Ort, eine grundsätzliche Auseinandersetzung über die Auslegung der Rundfunkfreiheit des Art. 5 Abs. 1 Satz 2 GG zu führen. Man muss allerdings in der gebotenen Kürze darauf

---

[13] Hierzu unter 2. Die grundrechtlich geschützte Rundfunkfreiheit und das Gebot der Staatsferne des öffentlich-rechtlichen Rundfunks.

[14] Dazu unter 3. Rundfunkfreiheit versus Recht auf informationelle Selbstbestimmung.

[15] Siehe 5. Die Gesetzgebungskompetenzen.

[16] Vgl. unter 6. Die Konsequenzen für die Stellung des Datenschutzbeauftragten beim NDR.

eingehen, wie das Bundesverfassungsgericht die Rundfunkfreiheit versteht und für die Staatsgewalten verbindlich auslegt. Diese Auslegung durch das Bundesverfassungsgericht hat grundlegende Auswirkungen auf die Regelungen über den Datenschutz beim öffentlich-rechtlichen Rundfunk, da diese Bestimmungen die Vorgaben der Verfassung nach der konkretisierenden Interpretation des Bundesverfassungsgerichts berücksichtigen müssen. Die Rundfunkfreiheit des Art. 5 Abs. 1 Satz 2 GG garantiert die Freiheit von Hörfunk und Fernsehen, also der übrigen Massenkommunikationsmittel neben der Presse.[17] Wie sich die verfassungsrechtliche Rundfunkfreiheit im Einzelnen gestaltet, hat das Bundesverfassungsgericht insbesondere in seinen sogenannten Rundfunkurteilen konkretisiert.[18] Als Kommunikationsgrundrecht unterstützt die Rundfunkfreiheit auch die Freiheit eines offenen gesellschaftlichen Kommunikationsprozesses, der für die demokratische Willensbildung unabdingbar ist. Der Rundfunk ist dabei „Medium und Faktor" dieses Kommunikationsprozesses.[19] Die Massenmedien insgesamt werden wegen ihrer Bedeutung für die Demokratie auch als „vierte Gewalt" im demokratischen Gemeinwesen bezeichnet, da sie bei der Kontrolle der Staatsgewalten und der Entfaltung politischer Impulse oft eine wichtige Rolle spielen.[20] Aus dieser für eine funktionierende Demokratie grundlegenden Funktion folgt auch die besondere Bedeutung des Grundrechts der Rundfunkfreiheit.

Das Bundesverfassungsgericht geht in ständiger Rechtsprechung davon aus, dass die Rundfunkfreiheit als dienende Freiheit zu verstehen ist.[21] Dem liegt die Überlegung zugrunde, dass die Grundrechte normalerweise Freiheiten enthalten, die der Selbstverwirklichung des Individuums dienen, also subjektiv-rechtliche, individuellen Eigeninteressen dienende Handlungsrechte sind.

---

[17] *Maunz/Dürig*, Grundgesetz-Kommentar, Art. 5 Abs.1,2, Rdnr. 193.

[18] Vgl. die „acht Rundfunkentscheidungen" des Bundesverfassungsgerichts *BVerfGE* 12, 205; 31, 314; 57, 295; 73, 118; 74, 297; 83, 238; 87, 181; 90, 60. Zur Entwicklung des deutschen Medienrechts unter dem Einfluss der Judikatur des Bundesverfassungsgerichts *Dörr*, VerwArch. 2001, 149.

[19] *BVerfGE* 12, 205, 260; 57, 295, 320; 73, 118, 152; 83, 238, 295.

[20] *Löffler/Ricker*, Handbuch des Presserechts, Kapitel 3 Rdnr. 25.

[21] Vgl. *BVerfGE* 90, 60, 87 ff.; 87, 181, 197; 83, 238, 295; 57, 295, 319.

Daneben gibt es aber nach dieser Vorstellung auch Verbürgungen von Befugnissen, die im Interesse Dritter gegen den Zwang und die Intervention des Staates abgeschirmt sind. Bei den letztgenannten Grundrechten spricht man von dienenden oder drittnützigen Freiheitsrechten. Der Sinn von Freiheit kann demnach auch darin liegen, einem Rechtssubjekt Handlungs-, Gestaltungs- und Entscheidungsautonomie zuzuerkennen, weil entweder ein öffentliches Interesse an einem aus autonomer Handlung, Gestaltung und Entscheidung hervorgegangenen geistigen oder gegenständlichen Produkt besteht[22] oder weil die Abschirmung von Handlungsbefugnissen der Gewährleistung des Rechts- und Freiheitsstatus Dritter dient.[23] Diese letztgenannte Kategorie von drittnützigen Freiheitsrechten, zu der nach der Rechtsprechung des Bundesverfassungsgerichts klassischerweise die Rundfunkfreiheit zu zählen ist, kann am sinnfälligsten als dienende Freiheitsgewährleistung bezeichnet werden.[24]

Die Rundfunkfreiheit stellt demnach in erster Linie ein drittnütziges Freiheitsrecht dar. Sie dient der freien, individuellen und öffentlichen Meinungsbildung und ist Grundvoraussetzung für eine funktionsfähige Demokratie.[25] In der gesamten neueren Rundfunkrechtsprechung geht das Bundesverfassungsgericht davon aus, dass sich Art. 5 Abs. 1 Satz 2 GG wegen seines dienenden Charakters nicht in der Abwehr staatlicher Einflussnahmen erschöpft. Vielmehr gebiete die Rundfunkfreiheit auch die Schaffung einer positiven Ordnung, die die Meinungsvielfalt gewährleistet und sicherstellt, dass der Rundfunk ebensowenig dem Staat wie einzelnen gesellschaftlichen Gruppen oder gar einer einzigen gesellschaftlichen Gruppe ausgeliefert wird. Daher ent-

---

[22] So bei der verfassungsrechtlichen Gewährleistung der Wissenschaftsfreiheit zugunsten der beamteten Hochschullehrer; andeutungsweise in diesem Sinn *BVerfGE* 47, 327, 379.

[23] So verhält es sich bei der Rundfunkfreiheit, vgl. dazu eingehend *Niepalla*, Die Grundversorgung durch die öffentlich-rechtlichen Rundfunkanstalten, 21 ff.

[24] Vgl. dazu *Niepalla*, Die Grundversorgung durch die öffentlich-rechtlichen Rundfunkanstalten, 6 ff.; *Stock*, Medienfreiheit als Funktionsgrundrecht, 325 ff.

[25] Vgl. grundlegend zum dienenden Charakter der Rundfunkfreiheit *Burmeister,* Der Rundfunk unter der Herrschaft der technischen Entwicklung, in: *Institut für Europäisches Medienrecht* (Hrsg.), EMR-Dialog, Medienmarkt und Menschenwürde, EMR-Schriftenreihe, Band 2, 38 ff., 55 ff. m.w.N.

spricht es nicht dem verfassungsrechtlichen Gebot, die Freiheit des Rundfunks zu garantieren, wenn dieser dem freien Spiel der Kräfte überlassen würde.[26] Der Gesetzgeber ist somit von Verfassung wegen verpflichtet, eine positive Ordnung zu schaffen. Diese positive Ordnung muss so ausgestaltet sein, dass das Gesamtangebot der inländischen Programme der bestehenden Meinungsvielfalt im wesentlichen entspricht, dass der Rundfunk weder dem Staat noch einer oder einzelnen gesellschaftlichen Gruppen ausgeliefert wird und dass die in Betracht kommenden Kräfte im Gesamtprogramm zu Wort kommen können.[27]

b) Die Rolle des öffentlich-rechtlichen Rundfunks im dualen System

In der Bundesrepublik ist die Rundfunkordnung durch ein sog. duales Rundfunksystem gekennzeichnet, in dem der öffentlich-rechtliche Rundfunk besondere Aufgaben zu erfüllen hat. Das Grundgesetz schreibt zwar weder ein bestimmtes Modell, also etwa eine duale Rundfunkordnung, vor, noch verpflichtet es zu immerwährender Verwirklichung des einmal gewählten Modells.[28] Wählt der Gesetzgeber aber ein duales System, so muss der öffentlich-rechtliche Rundfunk bestimmte Funktionen übernehmen, um die Defizite privater Anbieter auszugleichen. Dem liegen folgende Erwägungen des Bundesverfassungsgerichts zugrunde:

In den Anfängen des Rundfunks in der Bundesrepublik Deutschland war dessen Veranstaltung allein öffentlich-rechtlichen Rundfunkanstalten vorbehalten.[29] Dies beruhte zunächst auf der „Sondersituation" des Rundfunks, die sich aus der Knappheit der verfügbaren Frequenzen und dem außergewöhnlich hohen finanziellen Aufwand für die Veranstaltung von Rundfunksendun-

---

[26] Vgl. eingehend dazu *BVerfGE* 57, 295, 323; 73, 118, 172.

[27] Vgl. nur *BVerfGE* 83, 238, 297 f.; 90, 60, 88 ff.

[28] *BVerfGE* 83, 238, 296.

[29] Zur historischen Entwicklung des Rundfunks in der Bundesrepublik Deutschland siehe *Hartstein/Ring/Kreile/Dörr/Stettner*, Rundfunkstaatsvertrag, Teil B 1, Rdnr.1 ff.; *Hesse*, Rundfunkrecht, 115; speziell zur Entwicklung des öffentlich-rechtlichen Rundfunks *Diller*, Öffentlich-rechtlicher Rundfunk, in, *Wilke* (Hrsg.), Mediengeschichte der Bundesrepublik Deutschland, 146.

gen ergab.[30] Bereits im Jahre 1986, in dem das Bundesverfassungsgericht mit seiner vierten Rundfunkentscheidung, dem sog. "Niedersachsen-Urteil", die grundlegenden Weichen für die Errichtung einer dualen Rundfunkordnung und mithin eines Nebeneinanders von Privaten und öffentlich-rechtlichen Rundfunkveranstaltern stellte, hatte sich dies entscheidend verändert.[31] So hatten sich neben den anhaltenden Bestrebungen privater Interessenten, privatwirtschaftlichen Rundfunk einzurichten, durch die Entwicklung der "Neuen Medien" die technischen Voraussetzungen der Rundfunkveranstaltung verbessert, so dass neue Verbreitungstechnologien verfügbar waren.[32]

Nach der zutreffenden Auffassung des Bundesverfassungsgerichts konnte angesichts der modernen technischen Entwicklungen den Anforderungen der Rundfunkfreiheit durch ein duales System entsprochen werden,[33] worauf sich die Länder mit dem Rundfunkstaatsvertrag (RStV) von 1987 verständigten. Wie sich auch aus der Präambel des RStV ergibt, hat sich der Gesetzgeber vertraglich verpflichtet, das inzwischen etablierte duale Rundfunksystem – gegebenenfalls durch weitere Regelungen – zu gewährleisten.[34] Dass der Gesetzgeber weiterhin Verantwortung auf diesem Sektor übernimmt, ist auch von erheblicher Bedeutung, denn hier müssen sich die Veranstalter des öffentlich-rechtlichen und des privaten Rundfunks wegen der scharfen Konkurrenz stetig ihre Position erkämpfen und ihre Legitimation jeweils unter Beweis stellen. Der Streit um die Rolle und die Bedeutung des öffentlich-rechtlichen Rundfunks in diesem dualen Modell dauert bis heute an.[35]

Der öffentlich-rechtliche Rundfunk hat diesen Streit nur deshalb einigermaßen unbeschadet überstanden, weil das Verfassungsgericht in einigen

---

[30] *BVerfGE* 12, 205, 261; 31, 314, 326; 57, 295, 322.

[31] *BVerfGE* 73, 118, 121.

[32] *Hoffmann-Riem*, Stadien des Rundfunk-Richterrechts, in: *Jarren* (Hrsg.), Medienwandel – Gesellschaftswandel ?, 18.

[33] *BVerfGE* 73, 118, 157; 74, 297, 324.

[34] *Hartstein/Ring/Kreile/Dörr/Stettner*, Rundfunkstaatsvertrag, Teil B 5, Präambel, Rdnr. 2.

[35] Vgl. die in der wissenschaftlichen Diskussion aufgekommene Befürchtung, die duale Rundfunkordnung gerate in eine Schieflage bei *Ring*, ZUM 2000, 182.

Grundsatzentscheidungen seine Rolle entscheidend gestärkt und ihm neben dem klassischen Rundfunkauftrag das Recht und zugleich die Pflicht zur Grundversorgung übertragen hat.[36] Der zu Unrecht oft diskreditierte Begriff der Grundversorgung erwies sich für den öffentlich-rechtlichen Rundfunk als neues Lebenselexier[37], zumal das Bundesverfassungsgericht diesen Begriff in der Folge dynamisch interpretierte[38] und im Sinne einer Vollversorgung konkretisierte[39]. Mit Grundversorgung ist nach dem Bundesverfassungsgericht gerade keine bloße Mindestversorgung der Bevölkerung mit Rundfunk gemeint, auf die der öffentlich-rechtliche Rundfunk beschränkt oder ohne Folgen für die an den privaten Rundfunk zu stellenden Anforderungen reduziert werden kann.[40] Der Begriff ist auch nicht als Grenzziehung in dem Sinne zu verstehen, dass dem öffentlich-rechtlichen Rundfunk ausschließlich Grundversorgungsprogramme und den privaten Veranstaltern alle übrigen Programme vorbehalten sind.[41] Vielmehr zeichnet sich die Grundversorgung als Spezifikum des öffentlich-rechtlichen Rundfunks durch drei Elemente aus: Durch eine Übertragungstechnik, die den Empfang der Sendungen für alle sicherstellt. Zweitens durch einen inhaltlichen Standard der Programme im Sinne eines Angebots, das nach seinen Gegenständen und der Art ihrer Darbietung oder Behandlungen dem dargelegten Auftrag des Rundfunks nicht nur zu einem Teil, sondern voll entspricht und drittens durch die wirksame Sicherung gleichgewichtiger Vielfalt in der Darstellung der bestehenden Meinungsrichtungen durch organisatorische und verfahrensrechtliche Vorkehrungen.[42]

---

[36] Grundlegend *BVerfGE* 73, 118, 157; vgl. dazu eingehend *Fromm*, Öffentlich-rechtlicher Programmauftrag und Rundfunkföderalismus, 32 ff.; *Dörr*, Unabhängig und gemeinnützig – Ein Modell von gestern? in: *ARD* (Hrsg.), 50 Jahre ARD, 12, 16.

[37] So *Mahrenholz*, ZUM 1995, 508, 512; *Bethge*, ZUM 1991, 337, 339.

[38] *BVerfGE* 83, 23,8 299; zum Begriff der Grundversorgung vgl. auch *Scheble*, ZUM 1995, 383.

[39] *BVerfGE* 74, 297, 326.

[40] *BVerfGE* 74, 297, 326.

[41] *BVerfGE* 83, 238, 297 f.

[42] *BVerfGE* 74, 297, 326. Zur institutionellen Sicherung der Rundfunkfreiheit durch Verfahren siehe unter 4. b) Der Schutz der Rundfunkfreiheit durch Verfahren.

Demnach bedeutet Grundversorgung, dass der öffentlich-rechtliche Rundfunk den Bürgern „gründliche" Informationen und ein „grundlegendes" Angebot aller Typen von Rundfunksendungen technisch für alle erreichbar anzubieten hat.[43] Daraus folgt zwangsläufig, dass sich der Grundversorgungsauftrag im dualen System unter den bestehenden Bedingungen nur erfüllen lässt, wenn der öffentlich-rechtliche Rundfunk nicht allein in seinem gegenwärtigen Bestand, sondern auch in seiner zukünftigen Entwicklung gesichert wird.[44] Demnach ist auch die so genannte Bestands- und Entwicklungsgarantie verfassungsrechtlich geboten. Sie bedeutet nichts anderes, als dass auch für die Zukunft die Voraussetzungen, die die Grundversorgung der Bevölkerung überhaupt möglich machen, gesichert werden müssen. Dabei gilt es, die Entwicklungen des Rundfunkwesens im Bereich der Rundfunktechnik zu berücksichtigen. Demnach müssen auch neue Übertragungsformen wie die Satellitentechnik oder die digitale Technik für den öffentlich-rechtlichen Rundfunk nutzbar sein.[45] Dasselbe gilt selbstverständlich auch für das Programmangebot der öffentlich-rechtlichen Rundfunkanstalten, das für neue Programminteressen oder neue Formen und Inhalte wie Spartenprogramme[46] oder begleitende Internetpräsentation[47] offen bleiben muss.[48] In diesem Zusammenhang wird häufig verkannt, dass der öffentlich-rechtliche Rundfunk mit diesen Anforderungen im Interesse der Informationsfreiheit und der Demokratie in die Pflicht genommen wird, um insgesamt ein vielfältiges, umfassendes und ausgewogenes mediales Angebot zu gewährleisten.[49]

Das Bundesverfassungsgericht machte damit den öffentlich-rechtlichen Rundfunk zum Garanten für die Erfüllung der Voraussetzungen, die die Rundfunk-

---

[43] Vgl. *Niepalla,* Die Grundversorgung durch die öffentlich-rechtlichen Rundfunkanstalten, 70 ff., der auf die essenzielle Funktion des Rundfunks für die Kultur verweist.

[44] *BVerfGE* 74, 297, 350; *BVerfGE* 83, 238, 300.

[45] *BVerfGE* 83, 238, 299.

[46] *Bethge*, Die verfassungsrechtliche Position des öffentlich-rechtlichen Rundfunks in der dualen Rundfunkordnung, 57 f.

[47] *Flechsig*, CR 1999, 332.

[48] *BVerfGE* 83, 238, 298 f.

freiheit an ein duales Rundfunksystem stellt. Nur wenn und soweit der öffent-lich-rechtliche Rundfunk seine Aufgabe, ein umfassendes Programm, das Un-terhaltung, Bildung, Information und Politik berücksichtigt, die gesamte Bandbreite gesellschaftlichen Lebens und die kulturelle Vielfalt widerspiegelt und sich an alle richtet und für alle erreichbar ist, in vollem Umfang erfüllen kann und auch tatsächlich erfüllt, können an die privaten Veranstalter wesent-lich geringere Programmanforderungen gestellt werden. Dies rechtfertigt es auch, die privaten Anbieter einem liberalen Regime zu unterstellen und von ihnen lediglich ein Mindestmaß an inhaltlicher Ausgewogenheit, Sachlichkeit und gegenseitiger Achtung zu verlangen. Mehr ist nach zutreffender Ein-schätzung der Karlsruher Richter auch schon deshalb nicht möglich, weil die Werbefinanzierung zwangsläufig Defizite bezüglich der Breite, der Ausge-wogenheit und der Vielfalt des Angebots mit sich bringt. Die Freiräume der privaten Anbieter hängen also unmittelbar mit der Funktionsfähigkeit und der Aufgabenerfüllung der öffentlich-rechtlichen Rundfunkanstalten zusammen, was in medienpolitischen Diskussionen häufig verkannt wird. Damit der öf-fentlich-rechtliche Rundfunk diesen vom Bundesverfassungsgericht aus der Rundfunkfreiheit als dienender Freiheit abgeleiteten Grundversorgungsauf-trag adäquat erfüllen kann, muss seine Stellung sowie seine Organisation nach seinen verfassungsrechtlichen Aufgaben ausgerichtet werden.

c) Die Autonomie des öffentlich-rechtlichen Rundfunks

Träger der Rundfunkfreiheit sind sowohl private Veranstalter als auch öffent-lich-rechtliche Rundfunkanstalten. Zwar sind juristische Personen des öffent-lichen Rechts grundsätzlich nicht grundrechtsberechtigt. Nach der Rechtspre-chung des Bundesverfassungsgerichts gilt aber dann etwas anderes, wenn die betreffende juristische Person des öffentlichen Rechts dem durch ein Grund-recht geschützten Lebensbereich unmittelbar zuzuordnen ist.[50] Der Bereich des Rundfunks war den öffentlich-rechtlichen Rundfunkanstalten sogar lange

---

[49] *Michel*, ZUM 1998, 357; *Libertus*, ZUM 1999, 889, 897; *Eifert*, epd medien Nr. 11 vom 12. 2. 2000, 3, 5.

[50] *BVerfGE* 31, 314, 322.

Zeit alleine vorbehalten.[51] Sie können sich daher speziell auf das Grundrecht aus Art. 5 Abs. 1 Satz 2 Alt. 2 GG berufen und sind damit auch nach dem Wegfall der Sondersituation des Rundfunks in der heutigen dualen Rundfunkordnung neben den Privaten[52] Träger des Grundrechts der Rundfunkfreiheit.[53] Die Feststellung, dass der öffentlich-rechtliche Rundfunk Träger des Grundrechts der Rundfunkfreiheit ist, hat wichtige Konsequenzen für alle weiteren Fragen. Dies betrifft auch und vor allem die Problematik, inwieweit dem öffentlich-rechtlichen Rundfunk Autonomie zukommt. Verbunden damit ist die Frage, wie die Stellung des Datenschutzbeauftragten im Innern zu organisieren ist.

Dabei kommen sowohl dem Aspekt der Pluralität als auch dem Grundsatz der Staatsfreiheit oder Staatsferne große Bedeutung zu. Das Pluralitätsgebot steht nämlich im Mittelpunkt der Rundfunkfreiheit. Unbestritten besteht – wie bereits erläutert – das Gewährleistungsziel der Rundfunkfreiheit darin, Meinungsvielfalt im Sinne eines gesellschaftspluralen Meinungsspektrums möglichst vollständig im Rundfunk widerzuspiegeln.[54] Dies setzt nicht nur voraus, dass die verschiedenen Meinungen zu Wort kommen, sondern der Meinungsbildungsprozeß muss vielmehr nach allen Seiten offen sein. Konzentration muss verhindert und ein Mindestmaß gleichgewichtiger Vielfalt auch im privaten Bereich sichergestellt werden, damit insgesamt ein Spektrum unterschiedlichster Meinungen in ausgewogener Balance hergestellt wird. Zwar ist einzuräumen, dass sich die „Meinungsvielfalt" und der Ausgewogenheitsstandard einer „gleichgewichtigen Vielfalt" kaum definieren lassen. Es lässt sich nämlich nicht exakt bestimmen, wann gleichgewichtige Vielfalt wirklich

---

[51] Siehe oben unter b) Die Rolle des öffentlich-rechtlichen Rundfunks im dualen System.

[52] Ob sich auch private Rundfunkveranstalter auf die Rundfunkfreiheit berufen können, hat das Bundesverfassungsgericht in *BVerfGE* 57, 295, 318 noch offen gelassen. Später hat das Gericht jedoch festgestellt, dass die Rundfunkfreiheit unabhängig von der öffentlich-rechtlichen oder privaten Rechtsform jedem zusteht, der Rundfunk veranstaltet oder sich um den Erwerb einer Lizenz bemüht, vgl. *BVerfGE* 95, 220, 234; 97, 298, 311. Nicht grundrechtsberechtigt in Bezug auf die Rundfunkfreiheit sind nach *BVerfGE* 79, 29, 42 die Rundfunkteilnehmer.

[53] Ständige Rechtsprechung des Bundesverfassungsgerichts, vgl. *BVerfGE* 83, 238, 322.

[54] Vgl. *BVerfGE* 57, 295, 320; 74, 297, 323.

besteht oder zu erwarten ist. Dies räumt auch das Bundesverfassungsgericht selbst ein. Vielfalt stellt demnach einen Zielwert dar, der sich stets nur annäherungsweise erreichen lässt.[55] Ungeachtet all dieser Schwierigkeiten lassen sich jedoch zwei unterschiedliche Wirkrichtungen des Pluralitätsgebotes herausschälen: Zum einen wirkt das Pluralitätsgebot als inhaltlicher Maßstab unmittelbar programmbezogen. Zum anderen hat es über die Frage der organisatorischen Sicherung inhaltlicher Vielfalt und Ausgewogenheit auch mittelbar Auswirkungen auf die Gestaltung des Programms. In dieser organisatorischen Dimension ist das Pluralitätsgebot mit dem Grundsatz der Autonomie verwoben.[56]

Der Grundsatz der Autonomie ist also einerseits eng mit dem Pluralitätsgebot verknüpft. Andererseits kommt dem Grundsatz der Autonomie aber auch eigenständige Bedeutung zu. Er konkretisiert sich in erster Linie im Gebot der Staatsfreiheit oder Staatsferne des Rundfunks, wobei allerdings der Ausdruck Staatsferne treffender erscheint.[57] Die Bezeichnung Staatsfreiheit führt nämlich zu dem Missverständnis, dass jeglicher staatlicher Einfluss von vornherein verboten sei, was etwa zur Folge hätte, dass staatliche Vertreter keine Mitglieder in den Organen der Rundfunkanstalten sein dürften.[58] Es ist völlig unbestritten, dass das Gebot der Staatsferne bei der Rundfunkfreiheit eine zentrale Stellung einnimmt. Dies spielte schon bei der Entstehung des öffentlich-rechtlichen Rundfunks in Deutschland eine zentrale Rolle. Das föderale Rundfunksystem zunächst in West- und nunmehr in Gesamtdeutschland ist in entscheidender Weise durch die von den Briten und den US-Amerikanern vorgegebenen Grundbedingungen in ihren Besatzungszonen geprägt, die eine Reaktion auf die negativen Erfahrungen mit dem Staatsrundfunk in der Weimarer Zeit und seinen Mißbrauch als Propagandainstrument im Nationalsozialismus bildeten. Die starke föderale Komponente steuerten US-Amerikaner bei. Die Briten brachten die öffentlich-rechtliche Natur der Landesrundfunk-

---

[55] *BVerfGE* 73, 118, 156.

[56] So zu Recht *Jarass*, ZUM 1986, 303, 307; eingehend auch *Bumke*, Die öffentliche Aufgabe der Landesmedienanstalten, 118 ff.

[57] So zu Recht *Bumke*, ebd., 145 ff.

[58] Vgl. dazu auch *Jarass*, Die Freiheit des Rundfunks vom Staat, 14 ff.

anstalten in das neue Rundfunksystem ein. Dabei waren sich Briten und Amerikaner einig, einen demokratischen Rundfunk schaffen zu wollen. Der Rundfunk sollte weder dem Staat oder den Parteien noch einzelnen gesellschaftlich relevanten Gruppen, z. B. den Kapitalgebern gehören, sondern der Allgemeinheit. Er sollte nicht privatwirtschaftlich organisiert und finanziert sein, sondern durch Gebühren der Teilnehmer. Er sollte nicht durch Regierungen oder Parteien kontrolliert werden, sondern durch Aufsichtsgremien aus Vertretern der gesellschaftlich relevanten Gruppen. Staatsferne, Föderalismus und Pluralität zur Gewährleistung umfassender und ausgewogener Information der Bürger bildeten also das Fundament dieses neuen Rundfunks in Deutschland. Mit dieser in der deutschen Mediengeschichte einmaligen Konstruktion eines staatsfernen öffentlich-rechtlichen Rundfunks haben die Alliierten den Deutschen ein Geschenk gemacht, das neben der freien Marktwirtschaft entscheidender Garant für eine funktionierende Demokratie in Deutschland war und ist.

Bei dem Gebot der Staatsferne geht es darum, staatliche Gestaltung oder Einwirkung zu vermeiden, die unmittelbar oder mittelbar die publizistische Arbeit beeinträchtigen könnte. Im Mittelpunkt steht damit die Absicherung einer autonomen Programmgestaltung. Der Grundsatz der Autonomie kann somit als programmakzessorisch[59] bezeichnet werden. Anknüpfungspunkt ist also, ob staatliche Einwirkungen publizistische Relevanz entfalten können und Übergriffe auf den publizistischen Wirkungskreis erkennbar werden. Dabei genügt es nicht, staatliche Einflussnahme lediglich auf ihre tatsächlichen Auswirkungen zu untersuchen. Entscheidend sind weniger die Auswirkungen an sich als bereits die Gefahr der Dominanz.[60] Auch vor erkennbaren latenten Gefahren der Einflussnahme muss der Rundfunk geschützt werden. Dies spielt vor allem bei der Finanzausstattung eine wichtige Rolle, worauf das Bundesverfassungsgericht in seinem Gebührenurteil[61] eindrucksvoll hingewiesen hat. Das Gebot der Staatsferne schützt die öffentlich-rechtlichen

---

[59] So zu Recht *Stettner*, Rundfunkstruktur im Wandel, 43.
[60] So zu Recht *Jarass*, Die Freiheit des Rundfunks vom Staat, 32.
[61] *BVerfGE* 90, 60.

Rundfunkveranstalter mit Blick auf deren Programmgestaltungsfreiheit und wirkt sich grundlegend auf deren Organisation im Verhältnis zum Staat aus.

Auch für die Stellung des Datenschutzbeauftragten beim öffentlich-rechtlichen Rundfunk liefert das verfassungsrechtliche Gebot der Staatsferne des öffentlich-rechtlichen Rundfunks – wie noch zu zeigen sein wird[62] – wichtige Vorgaben. Der Datenschutz im öffentlich-rechtlichen Rundfunk insgesamt und auch speziell die Stellung des Datenschutzbeauftragten beim öffentlich-rechtlichen Rundfunk muss so ausgestaltet sein, dass die verfassungsrechtlichen Gebote der Funktionsfähigkeit und der Staatsferne des öffentlich-rechtlichen Rundfunks nicht beeinträchtigt werden.

3. Rundfunkfreiheit versus Recht auf informationelle Selbstbestimmung

Zwischen dem Datenschutz auf der einen und der Rundfunkfreiheit auf der anderen Seite besteht ein grundlegendes Spannungsverhältnis, das die Stellung des Datenschutzbeauftragten beim Rundfunk in verfassungsrechtlicher Hinsicht kennzeichnet. Die Stellung des Datenschutzbeauftragten beim Rundfunk muss so ausgestaltet sein, dass ein möglichst umfassender Datenschutz mit einer möglichst weitgehenden Rundfunkfreiheit in Einklang gebracht wird. Im Konfliktfall stellt sich aber dennoch die Frage, ob auch im Rundfunk der datenschutzrechtliche Grundsatz *in dubio pro securitate* gilt oder ob die Freiheit des Rundfunks grundsätzlich eine modifizierte Geltung des Datenschutzes im öffentlich-rechtlichen Rundfunk gebietet. Entscheidend für diese Frage ist die Funktion und die Bedeutung des Rechts auf informationelle Selbstbestimmung einerseits und der Rundfunkfreiheit andererseits.

Das vom Bundesverfassungsgericht entwickelte Recht auf informationelle Selbstbestimmung genießt mit der Verankerung in Art. 2 Abs. 1 iVm. Art. 1

---

62 Hierzu unter II. 6. Die Konsequenzen für die Stellung des Datenschutzbeauftragten beim NDR.

Abs. 1 GG als Grundrecht einen hohen Schutz.[63] Als Unterfall des allgemeinen Persönlichkeitsrechts ist das Recht auf informationelle Selbstbestimmung kein neues Grundrecht, sondern eine interpretatorische Fortschreibung des Selbstdarstellungsschutzes aus Art. 2 Abs. 1 iVm. Art. 1 Abs.1 GG.[64] Eine echte Verselbständigung findet sich allenfalls auf Länderebene, wo das Recht auf informationelle Selbstbestimmung in den Text mancher Länderverfassungen als spezielles Grundrecht aufgenommen wurde.[65] Nach der Definition des Bundesverfassungsgerichts umfasst das Recht auf informationelle Selbstbestimmung „die Befugnis des Einzelnen, grundsätzlich selbst über die Preisgabe und Verwendung seiner persönlichen Daten zu bestimmen".[66] Unter Anlehnung an das Recht auf Selbstdarstellung handelt es sich beim Recht auf informationelle Selbstbestimmung daher um ein Selbstbestimmungsrecht über personenbezogene Informationen.[67] Auf den höchstpersönlichen, privaten Charakter der Information kommt es dabei nicht an.[68] Daraus folgt, dass es kein belangloses Datum mehr gibt.[69] Die speziellen Ausprägungen des allgemeinen Persönlichkeitsrechts wie das Recht am eigenen Bild und Wort oder das Recht auf Gegendarstellung werden durch das Recht auf informationelle Selbstbestimmung nicht verdrängt, sondern sind, soweit sie Informationen betreffen, Einzelverbürgungen des Rechts auf informationelle Selbstbestimmung geworden.[70] Der Umgang des Staates mit Informationen über seine Bürger wird durch dieses Grundrecht einem umfassenden Rechtfertigungszwang unterworfen. Auf einfachgesetzlicher Ebene hat das Grundrecht auf Datenschutz folgerichtig zu einer umfangreichen informations- und daten-

---

[63] Zur Entwicklung des Rechts auf informationelle Selbstbestimmung siehe *Rudolf*, Datenschutz – Ein Grundrecht, in: *Arndt/Geis/Lorenz* (Hrsg.), Staat – Kirche – Verwaltung, Festschrift Maurer, 269 ff.

[64] *Duttge*, Der Staat 36 (1997), 281, 285; *Gola*, RDV 1988, 109; *Kunig*, Jura 1993, 595, 597; *Simitis*, NJW 1984, 398, 399.

[65] Hierzu *Kunig*, Jura 1993, 595, 597.

[66] *BVerfGE* 65, 1, 43; 78, 77, 84; 80, 367, 373.

[67] *Vogelsang*, Grundrecht auf informationelle Selbstbestimmung ?, 23.

[68] *Dreier*, in, *Dreier* (Hrsg.), Grundgesetz-Kommentar, Band I, Art. 2 I Rdnr.52.

[69] So *BVerfGE* 65, 1, 45.

[70] *Kunig* in: *v. Münch/Kunig* (Hrsg.), Grundgesetz-Kommentar, Band 1, Art. 2 Rdnr.38; *Pieroth/Schlink*, Grundrechte – Staatsrecht II, Rdnr.377.

schutzrechtlichen Gesetzgebung geführt, die zunehmend auch das Verhältnis der Bürger untereinander erfasst.[71] Dass es sich beim Recht auf informationelle Selbstbestimmung um ein relativ „junges" Grundrecht handelt, spielt für die Bedeutung dieses Rechts und sein Verhältnis zum explizit im Grundgesetz verankerten Grundrecht der Rundfunkfreiheit ebenso wenig eine Rolle wie die beschriebene richterrechtliche Entwicklung des Rechts auf informationelle Selbstbestimmung.

Wie gezeigt genießt die Rundfunkfreiheit besondere Bedeutung für den demokratischen Willensbildungsprozess.[72] Trotz dieser Bedeutung der Rundfunkfreiheit ist der Datenschutz aber tendenziell immer mehr zu Lasten der Rundfunkfreiheit ausgeweitet worden.[73] Eine journalistische Recherche und die damit verbundene Erhebung personenbezogener Daten können wegen der verfassungsrechtlichen Bedeutung der Rundfunkfreiheit für eine freiheitliche Demokratie keiner besonderen Rechtfertigung bedürfen: Damit der öffentlich-rechtliche Rundfunk seinen Auftrag, den Bürger umfassend und ausgewogen zu informieren, erfüllen kann, ist eine freie journalistische Recherche vielmehr unabdingbar.[74] Deshalb unterscheidet sich die Lage des Datenschutzes im öffentlich-rechtlichen Rundfunk aus grundrechtlicher Sicht fundamental vom normalen Datenschutzrecht, wo die Verarbeitung personenbezogener Daten durch staatliche Stellen stets als Grundrechtseingriff zu qualifizieren ist und nur ausnahmsweise zugelassen werden kann.[75] Während sich im Datenschutzrecht normalerweise ein Bürger als Grundrechtsträger und der Staat in Gestalt von staatlichen Behörden, die nur durch Art. 1 Abs. 3 GG grundrechtsgebunden, nicht aber grundrechtsberechtigt sind, gegenüber stehen, treffen im Bereich des Datenschutzes im Rundfunk Träger des Grundrechts auf Datenschutz und Träger der Rundfunkfreiheit aufeinander. Damit ist der Da-

---

[71] Vgl. hierzu *Hoffmann-Riem*, AöR 1998, 513.

[72] Vgl. oben unter 2. a) Die Rundfunkfreiheit als dienende Freiheit.

[73] *Eberle*, CR 1992, 757, 759.

[74] *Dörr*, AfP 1993, 709, 711.

[75] *Dörr*, AfP 1993, 709, 711. A.a. wohl *Nungesser*, Hessisches Datenschutzgesetz, § 37 Rdnr. 1, der eine *Zurückhaltung bei der Regelung des Datenschutzes im Rundfunk für verfassungsrechtlich nicht geboten* hält.

tenschutz im Rundfunk verfassungsrechtlich von einer grundlegend anderen Konfliktlage gekennzeichnet als der normale Datenschutz, bei dem der Grundrechtsträger staatlichen Behörden oder privatrechtlichen Einrichtungen begegnet.

Dieser grundlegende Unterschied der verfassungsrechtlichen Situation erfordert eine genaue Abwägung der betroffenen grundrechtlichen Belange. Dabei gilt es zu beachten, dass das Zensurverbot des Art. 5 Abs. 1 Satz 3 GG einem zu weitgehenden Datenschutz entgegensteht. Würde man auch im Rundfunkbereich den Grundsatz des Datenschutzes *in dubio pro securitate* anerkennen, müssten alle journalistischen Recherchen bereits vor ihrer Sendung daraufhin untersucht werden, ob durch die Ausstrahlung eventuelle Verletzungen des Datenschutzes zu befürchten sind. Dies würde eine umfassende Vorzensur erfordern, die Art. 5 Abs. 1 Satz 3 GG ausdrücklich untersagt.[76] Ein präventives Verbot mit Erlaubnisvorbehalt, wie es im Datenschutzrecht sonst üblich ist, erweist sich daher für die Informationsverarbeitung im Rundfunk als verfassungsrechtlich unzulässig.[77] Die Nachzensur stellt hingegen eine Beeinträchtigung von Art. 5 Abs.1 Satz 2 GG dar, die gemäß der Schranke des Art. 5 Abs. 2 GG gerechtfertigt werden kann.[78]

Eine uneingeschränkte Anwendung des Datenschutzrechts würde auch dazu führen, dass personenbezogene Daten nur mit Zustimmung des Betroffenen für die journalistische Arbeit verwertet werden könnten. Für eine kritische Berichterstattung wäre diese Einwilligung des Betroffenen kaum zu erlangen, so dass der öffentlich-rechtliche Rundfunk seiner Aufgabe der informativen und auch durchaus kritischen Berichterstattung zumindest bei personenbezogenen Daten nicht nachkommen könnte.[79] Zudem sehen die Datenschutzge-

---

[76] Das Zensurverbot des Art. 5 Abs. 1 Satz 3 GG betrifft nur die Vorzensur, vgl. *BVerfGE* 33, 52, 71, 83, 130, 155, also ein „präventives Verfahren, vor dessen Abschluss ein Werk nicht veröffentlicht werden darf", so *BVerfGE* 87, 209, 230.

[77] *Dörr*, AfP 1993, 709, 710; *Schrader*, AfP 1994, 114.

[78] Vgl. *Jarass*, in, Jarass/*Pieroth*, Grundgesetz für die Bundesrepublik Deutschland, Kommentar, Art.5 Rdnr.63.

[79] So *Gall*, DuD 1993, 383, 384.

setze für den von der Datenverarbeitung Betroffenen Auskunfts-, Berichtigungs-, Sperrungs- und Löschungsansprüche vor.[80] Diese Ansprüche können jederzeit, also auch schon vor der Sendung geltend gemacht werden. Betroffene Politiker, Schauspieler oder normale Bürger könnten sich vor der Ausstrahlung der Sendung auf einen Anspruch auf Sperrung oder Löschung der sie betreffenden Daten berufen und damit eine ihnen unliebsame Berichterstattung verhindern.[81] Dies zeigt, dass grundlegende Mechanismen des Datenschutzrechts im Bereich des Rundfunks zu einer fundamentalen Beeinträchtigung des öffentlich-rechtlichen Rundfunks führen würden, der die Bestimmungen des Art. 5 Abs. 1 Satz 2, 3 GG entgegenstehen. Bei der Übertragung aller für die öffentliche Verwaltung konzipierten datenschutzrechtlichen Regeln auf den Datenschutz im öffentlich-rechtlichen Rundfunk wäre eine freiheitliche Rundfunkarbeit nicht mehr möglich.[82]

Der Schutz der Rundfunkfreiheit gebietet es daher, dass im Bereich des Datenschutzes im Rundfunk der datenschutzrechtliche Grundsatz *in dubio pro securitate* durch den Grundsatz *in dubio pro libertate* zugunsten der Rundfunkfreiheit ersetzt wird. Für den Rundfunk müssen also bereichsspezifische Datenschutzregelungen getroffen werden.[83] Diese verfassungsrechtlich gebotene Modifizierung der Regeln des Datenschutzes wird in der Literatur mit dem Schlagwort „Medienprivileg"[84] oder zurückhaltender „publizistischer

---

[80] Vgl. den Überblick über die Ansprüche des von der Datenverwertung Betroffenen bei *Bergmann/Möhrle/Herb*, BDSG, § 6 Rdnr.30 ff.; hierzu im einzelnen *Hager*, Jura 1995, 566, 570.
[81] *Gall*, DuD 1993, 383, 385.
[82] So zutreffend *Herrmann*, Rundfunkrecht, § 22 Rdnr. 63.
[83] *Schrader*, AfP 1994, 114.
[84] So die herrschende Meinung, vgl. z.B. *Auernhammer*, Bundesdatenschutzgesetz, Kommentar, § 41 Rdnr. 3; Bergmann/*Mörle/Herb*, Handkommentar Datenschutzrecht, § 41 Rdnr.15; *Binder*, ZUM 1995, 257, 260; *Dörr*, AfP 1993, 709, 711; *Eberle*, CR 1992, 757, 759; *Fechner*, Medienrecht, Rdnr. 336; *Friccius*, Datenschutz, in: *Fuhr/Rudolf/Wasserburg* (Hrsg.), Recht der Neuen Medien, 537f.; *Hartstein/Ring/Kreile/Dörr/Stettner*, Rundfunkstaatsvertrag, Teil B 5, § 47 Rdnr.9; *Hein*, NJW 1991, 2614; *Herb*, DuD 1993, 38; *ders.*, VBlBW 1999, 171, 172; *Paschke*, Medienrecht, Rdnr. 337 ff. Kritisch zum Medienprivileg *Simitis*, AfP 1990, 14. Eine Lite-

Vorbehalt" beschrieben. Das so genannte Medienprivileg basiert auf der beschriebenen verfassungsrechtlich verankerten besonderen Bedeutung der Medien für die demokratische Meinungsbildung und bedeutet, dass der Datenschutz die journalistische Arbeit nicht verhindern oder wesentlich behindern darf.[85] Einfachgesetzlich ist das Medienprivileg in einzelnen Datenschutzgesetzen, beispielsweise in § 41 BDSG für die Deutsche Welle, oder in den jeweiligen Rundfunkgesetzen, etwa in § 42 NDR-StV, verankert. Damit bildet das Medienprivileg die einfachgesetzliche Umsetzung des Verfassungsgebotes aus Art. 5 Abs. 1 Satz 2 GG.[86] Auch der einfache Gesetzgeber betrachtet also das Medienprivileg als sachgerechte Lösung für den Konflikt zwischen Recht auf informationelle Selbstbestimmung und Rundfunkfreiheit.[87] Dies erscheint angesichts der bestehenden medienspezifischen Möglichkeiten zum Schutz des Persönlichkeitsrechts in den Medien auch für die Praxis als angemessene Lösung. Art. 5 Abs. 2 GG verweist auf die „allgemeinen Gesetze", die die Rundfunkfreiheit einschränken können.[88] Hierzu zählen auch die Vorschriften zum Schutz der Persönlichkeit. So kann der von einer unrechtmäßigen journalistischen Datenverarbeitung Betroffene zivilrechtliche Instrumente wie Widerrufs-, Unterlassungs- oder Schadensersatzansprüche geltend machen.[89] Zudem kommt ein Anspruch auf Gegendarstellung in Betracht.[90] Auch eine tradierte journalistische Ethik sowie organisatorische Sicherungen wie pluralistische Aufsichtsgremien tragen dazu bei, dass das Recht auf informa-

---

raturübersicht zur langjährigen Debatte um das „Medienprivileg" bietet *Herrmann*, Rundfunkrecht, § 22 Rdnr. 64.

[85] *Hartstein/Ring/Kreile/Dörr/Stettner*, Rundfunkstaatsvertrag, Teil B 5, § 47 Rdnr.9.

[86] So explizit das *OLG Stuttgart* in einem unveröffentlichten Beschluss vom 15.7.1992, Aktenzeichen: 1 Ws 113/92. Unter Berufung auf die explizite Entscheidung des OLG *Herb*, VBlBW 1999, 171, 172.

[87] *Paschke*, Medienrecht, Rdnr. 338.

[88] Zum Begriff des „allgemeinen Gesetzes" vgl. *Bethge*, in: *Sachs*, Grundgesetz-Kommentar, Art. 5 Rdnr.142 ff.; *Gornig*, JuS 1988, 274; *Hoppe*, JuS 1991, 734.

[89] Überblick zu diesen Instrumenten bei *Binder*, ZUM 1994, 257, 258.

[90] Hierzu ausführlich *Bethge*, DÖV 1987, 309.

tionelle Selbstbestimmung im öffentlich-rechtlichen Rundfunk gewährleistet ist.[91]

Die Datenverarbeitung zu eigenen journalistischen Zwecken wird nach dem Medienprivileg generell von der Anwendung des Datenschutzrechts ausgenommen. Adressaten des Medienprivilegs sind gemäß der grundrechtlichen Konfliktlage allein diejenigen, die sich auf das Grundrecht aus Art. 5 Abs. 1 Satz 2 GG berufen können, also auch die öffentlich-rechtlichen Rundfunkanstalten.[92] Der Terminus „Medienprivileg" wird zwar vom überwiegenden Teil der Literatur verwendet, stößt aber durchaus auch auf Kritik. So geht die Wortschöpfung „Medienprivileg" grundsätzlich vom Primat des Datenschutzes aus, so dass für die gesetzliche Ausformung des „Medienprivilegs" auch in erster Linie das Datenschutzrecht in Betracht kommt.[93] Das „Medienprivileg" stellt aber kein wirkliches Privileg des Rundfunks dar[94], sondern ergibt sich vielmehr als zwingende Folge aus der verfassungsrechtlichen Ausgestaltung und dem verfassungsrechtlichen Auftrag des öffentlich-rechtlichen Rundfunks.[95] Mit dem Auftrag zur Grundversorgung besitzt der öffentlich-rechtliche Rundfunk eine wesentliche verfassungsrechtliche Pflicht, der er nur dann nachkommen kann, wenn der einfache Gesetzgeber die für eine freie Rundfunkberichterstattung erforderlichen Bedingungen schafft. Das „Medienprivileg" ist damit eine notwendige Voraussetzung dafür, dass der öffent-

---

[91] Hierzu *Eberle*, Selbstkontrolle und Persönlichkeitsschutz in den elektronischen Medien, in: *Mestmäcker* (Hrsg.), Selbstkontrolle und Persönlichkeitsschutz in den Medien, 49, 54 ff.; *Plog*, Selbstkontrolle in den öffentlich-rechtlichen Rundfunkanstalten, in: *Mestmäcker* (Hrsg.), Selbstkontrolle und Persönlichkeitsschutz in den Medien, 71, 75 ff.

[92] *Herb*, DuD 1993, 380; *ders.*, in: *Flechsig* (Hrsg.), Kommentar zum SWR-Staatsvertrag, § 39 SWR-StV, Rdnr. 5.

[93] *Binder*, ZUM 1994, 257, 260. *Paschke*, Medienrecht, Rdnr. 337, spricht daher vom „Medienprivileg des Datenschutzrechts".

[94] Anderer Ansicht wohl *Simitis*, Zur Verwertung von Arbeitnehmerdaten für publizistische Zwecke – Einfluss und Grenzen des Datenschutzes, Festschrift Löffler, 319, 321, der von einer „Sonderregelung" für die Medien spricht.

[95] So zutreffend *Herrmann*, Rundfunkrecht, § 22, Rdnr.70; *Damm*, AfP 1990, 7. Ebenso kritisch *Binder*, ZUM 1994, 257, 263, der vorschlägt, den Ausdruck „Medienprivileg" durch „rundfunkspezifischen Datenschutz" zu ersetzen.

lich-rechtliche Rundfunk seine verfassungsrechtlichen Aufgaben erfüllen kann. Die Interpretation der Rundfunkfreiheit des Art. 5 Abs. 1 Satz 2 GG als dienender Freiheit und die daraus folgenden beschriebenen Verpflichtungen des öffentlich-rechtlichen Rundfunks bedingen als Konsequenz das Recht des Rundfunks, vom Gesetzgeber die Bedingungen einzufordern, die für die Erfüllung des verfassungsrechtlichen Auftrags des öffentlich-rechtlichen Rundfunks unerlässlich sind. Insofern stellt das „Medienprivileg" eine verfassungsrechtlich vorgegebene Konsequenz für die Regelung der Kollision zweier Grundrechte dar.[96] Tendenzen, das Medienprivileg zugunsten des Datenschutzes zurückzudrängen[97], stoßen daher auf maßgebliche verfassungsrechtliche Bedenken.

Inhaltlich ist das Medienprivileg auf die journalistisch-redaktionelle Arbeit in den Rundfunkanstalten beschränkt.[98] Eine bereichsspezifische Ausnahme vom Datenschutzrecht gilt daher nur für die Datenverarbeitungen, die im Rahmen redaktioneller Aufgaben durchgeführt werden.[99] Dementsprechend sehen das BDSG, die Landesdatenschutzgesetze und die Landesrundfunkgesetze medienspezifische Bereichsausnahmen vom Datenschutz auch nur für die Nutzung von Daten zu *eigenen journalistisch-redaktionellen Zwecken* vor.[100] Bei der Abgrenzung, ob es sich um eine journalistisch-redaktionelle Datenverarbeitung handelt oder nicht, ist gemäß dem verfassungsrechtlichen Hintergrund

---

[96] So für das „Privileg" der Presse im Datenschutzrecht zutreffend *Damm*, AfP 1990, 7, 8.

[97] *Binder*, ZUM 1994, 257, 261, spricht von einer Entwicklung weg vom Rundfunk- hin zum Datenschutzrecht mit dem Ziel, das „Medienprivileg" zumindest auf seinen sich stetig verkleinernden Kernbereich zu beschränken. Auch *Dörr*, AfP 1993, 709, 712; *Eberle*, CR 1992, 757, 759, befürchten eine zunehmende Einschränkung des Medienprivilegs.

[98] Vgl. *Herb*, DuD 1993, 380; *Herrmann*, Rundfunkrecht, § 22 Rdnr. 66; *Paschke*, Medienrecht, Rdnr. 339.

[99] *Wronka*, Datenschutz, in, *Schiwy/Schütz* (Hrsg.), Medienrecht, 87.

[100] Vgl. z.B. § 41 Abs. 1 BDSG, § 42 Abs. 1 NDR-StV. Die Formulierung „eigene journalistisch-redaktionelle Zwecke" stellt gegenüber dem früheren Begriff „publizistische Zwecke" keine Verkürzung, sondern nur eine Präzisierung im Sinne der Rechtsprechung dar, vgl. *E. Dörr/Schmidt*, Neues Bundesdatenschutzgesetz, Handkommentar, 136.

der Funktionsfähigkeit eines freien Rundfunks auf den Zweck der jeweiligen Datenverarbeitung, nicht auf die Art der Daten, abzustellen,[101] wie dies auch im Wortlaut von § 41 Abs. 1 BDSG und § 42 Abs. 1 NDR-StV zum Ausdruck kommt. Nach *Bergmann/Möhrle/Herb* ist eine Datenverarbeitung zu journalistisch-redaktionellen Zwecken idealtypisch durch ein objektives und ein subjektives Element gekennzeichnet.[102] Das objektive Element erfordert, dass die Auswahlinitiative bei dem Medienunternehmen liegt und dass der Ansatz einer redaktionellen Bearbeitung vorliegt. Das subjektive Element verlangt die Absicht der datenverarbeitenden Stelle, eine Veröffentlichung vorzunehmen, die nicht auf Individualkommunikation, sondern auf Massenkommunikation gerichtet ist. Keinem journalistisch-redaktionellen Zweck dienen zum Beispiel grundsätzlich die Daten für die Personalverwaltung, Lieferantendateien oder Werbedateien.[103] Auch Daten von Rundfunkteilnehmern, die in Zusammenhang mit dem Gebühreneinzug gespeichert werden, sind nicht zu journalistisch-redaktionellen Zwecken gespeichert, so dass sich die Datenverwendung in Zusammenhang mit dem Gebühreneinzug in erster Linie nach dem Rundfunkgebührenstaatsvertrag richtet.[104] Das so genannte Medienprivileg für die journalistisch-redaktionelle Arbeit bildet damit die verfassungsrechtlich gebotene einfachgesetzliche Lösung des grundrechtlichen Konflikts zwischen Datenschutz und Rundfunkfreiheit, wie er für den Datenschutz im Rundfunk kennzeichnend ist.

4. Die institutionelle Sicherung der Rundfunkfreiheit

Die verfassungsrechtliche Bedeutung der Rundfunkfreiheit, aus der sich die Ausprägung des Medienprivilegs im Datenschutzrecht zwingend ergibt, umfasst zum einen inhaltlich das Gebot der Pluralität des im öffentlich-

---

[101] Vgl. *Bergmann/Möhrle/Herb*, Handkommentar Datenschutzrecht, § 41 Rdnr. 33; *Herrmann*, Rundfunkrecht, § 22 Rdnr. 68.

[102] Vgl. *Bergmann/Möhrle/Herb*, Handkommentar Datenschutzrecht, § 41 Rdnr. 34 ff.

[103] Weitere Beispiele bei *Bergmann/Möhrle/Herb*, Handkommentar Datenschutzrecht, § 41 Rdnr.18. Auch die genannten Beispiele können allerdings im Einzelfall journalistische Relevanz erlangen.

[104] *Gola/Schomerus*, BDSG, § 41 3.2; hierzu auch *VGH Mannheim*, DÖV 1995, 386, 424.

rechtlichen Rundfunk präsentierten Meinungsspektrums.[105] Gleichzeitig folgt aus dem Grundrecht der Rundfunkfreiheit aber auch das Gebot der Staatsferne des öffentlich-rechtlichen Rundfunks.[106] Diese Staatsferne soll staatliche Einflüsse auf die Programmgestaltung verhindern und damit – wie auch das Pluralitätsgebot, das dominante Einflüsse gesellschaftlicher Gruppen auf den öffentlich-rechtlichen Rundfunk unterbinden soll, – inhaltliche Vielfalt und Ausgewogenheit im öffentlich-rechtlichen Rundfunk gewährleisten. Sowohl der Aspekt der Pluralismussicherung als auch der Aspekt der Staatsferne haben damit auch eine organisatorische Zielrichtung.[107] Sie sorgen dafür, dass aus dem Grundrecht der Rundfunkfreiheit bestimmte Verfahren abgeleitet werden, die der Sicherung der Rundfunkfreiheit dienen. Das Gebot der Staatsferne betrifft dabei die Organisation des Rundfunks im Verhältnis zum Staat. Die Pluralismussicherung beeinflusst die innere Organisation des Rundfunks, damit diese dem freien Austausch vielfältiger Meinungen in der Gesellschaft Rechnung trägt. Damit können beide Aspekte der Rundfunkfreiheit dogmatisch auf die Idee des Grundrechtsschutzes durch Verfahren zurückgeführt werden.

a) Grundrechtsschutz durch Verfahren

Der Idee des Grundrechtsschutzes durch Verfahren liegt die Überlegung zugrunde, dass grundrechtliche Freiheit nicht immer schon durch die Freiheit von staatlicher Einflussnahme verwirklicht wird, sondern dass Freiheit zu ihrer Realisierung im modernen Staat oft wesentlich auf staatliche Unterstützung angewiesen ist.[108] Dementsprechend müssen die Grundrechte von der Rechtsordnung ausgestaltet und konkretisiert werden, um ihre freiheitssichernde Funktion in der sozialen Wirklichkeit überhaupt entfalten zu können.[109] Dabei müssen nicht nur konkretisierende inhaltliche Regelungen ge-

---

[105]   Hierzu oben unter 2. a) Die Rundfunkfreiheit als dienende Freiheit.
[106]   Hierzu oben unter 2. c) Die Autonomie des öffentlich-rechtlichen Rundfunks.
[107]   Vgl. *Jarass*, ZUM 1986, 303, 307.
[108]   So zutreffend *Hesse*, EuGRZ 1978, 427, 434; *Pieroth/Schlink*, Grundrechte – Staatsrecht II, Rdnr. 60.
[109]   *Hesse*, EuGRZ 1978, 427, 434.

troffen, sondern auch Verfahren vorgesehen werden, die die Grundrechtsverwirklichung gewährleisten.[110] Organisation und Verfahren[111] erweisen sich
damit häufig als einzige Mittel, um in der Realität zu einem grundrechtsge-
mäßen Ergebnis zu gelangen.[112] Wo staatliche Verfahren den Gebrauch eines
Grundrechts regeln, enthält ein Grundrecht deshalb die Garantie, dass das
Grundrecht durch das Verfahren zur Verwirklichung kommt.[113] Die Bedeutung von Verfahren für die Grundrechtsverwirklichung und umgekehrt die
Bedeutung der Grundrechte für Gerichts- und Verwaltungsverfahren spiegelt
sich in den zahlreichen Entscheidungen des Bundesverfassungsgerichts zu
den Verfahrens- oder Prozessgrundrechten[114] und dem allgemeinen verfassungsrechtlichen Anspruch auf ein „faires Verfahren"[115] wider. Zudem hat
das Bundesverfassungsgericht stets auf die Notwendigkeit der grundrechts-
konformen Anwendung des Verfahrensrechts hingewiesen.[116] Die Relevanz
der Grundrechte für das Verfahren wurde vom Bundesverfassungsgericht zunächst für das Gerichtsverfahren entwickelt. Später übertrug das Gericht seine

---

[110] *Häberle*, VVDStRL 30, 43, 87, spricht insoweit von „prozessualer
Grundrechtskonkretisierung".

[111] *Alexy*, Theorie der Grundrechte, 430 f., verwirft das in der Literatur gängige Begriffs-
paar „Organisation und Verfahren" als unscharf und spricht stattdessen vom „Recht
auf Verfahren". Diese Terminologie erscheint insofern richtig, als der Begriff Organisation keinen zusätzlichen Aussagegehalt gegenüber dem Verfahren besitzt. Gleich-
wohl hat sich die einfachere Formulierung von *Alexy* nicht überall in der Literatur
durchsetzen können.

[112] *Hesse*, EuGRZ 1978, 427, 435; ebenso *Laubinger*, VerwArch 73, 60, 63, der die Entwicklung von Verfahrensanforderungen aus materiellen Grundrechtsgarantien allerdings kritisch sieht, ebd., 83 ff.

[113] *Pietzcker*, VVDStRL 41, 193, 207.

[114] Vgl. beispielsweise *BVerfGE* 15, 275, 281; 36, 92, 97; 40, 42, 44; 41, 23, 26; 41, 323;
41, 332, 334; 42, 120, 123; 42, 243, 245.

[115] Vgl. z. B. *BVerfGE* 26, 66, 71; 38, 105, 111; 39, 156, 163. Ausführlich zum Recht auf
ein faires Verfahren *Dörr*, Faires Verfahren, insbesondere 94 ff.

[116] Für das Strafverfahren vgl. *BVerfGE* 17, 108, 115 ff.; 20, 144, 148 ff.; 33, 23, 34; 35,
35, 39; 42, 95, 100 ff. Hierzu auch *Dörr*, Faires Verfahren, 144 ff. Für den Zivilpro-
zess vgl. beispielsweise *BVerfGE* 8, 210, 214, 217. Zum Verwaltungsprozessrecht
siehe *BVerfGE* 35, 263, 276 ff.

Rechtsprechung auch auf das Verwaltungsverfahren.[117] Die Bedeutung des Verfahrens als Mittel für die Verwirklichung und Sicherung der Grundrechte hat dabei in der Rechtsprechung des Bundesverfassungsgerichts kontinuierlich zugenommen.[118]

Die Grundrechtsverwirklichung und die Grundrechtssicherung im und durch Verfahren erfolgt zwar in erster Linie durch die Prozessgrundrechte, so dass vor dem Rückgriff auf allgemeine Prinzipien wie das aus dem Rechtsstaatsprinzip abgeleitete „faire Verfahren" oder auf materielle Grundrechte zunächst zu prüfen ist, ob ein Prozessgrundrecht einschlägig ist.[119] Daneben haben aber das Bundesverfassungsgericht[120] und mit ihm die Literatur[121] zur

---

[117] Berühmt wurde in diesem Zusammenhang der Mülheim-Kärlich-Beschluss vom 20.12.1979, *BVerfGE* 53, 31, in dem das Gericht die für das gerichtliche Verfahren entwickelten Grundsätze auf das Verwaltungsverfahren übertrug; mit Anmerkung *Weber* in NJW 1980, 759. Zur historischen Entwicklung der verfahrensrechtlichen Relevanz der Grundrechte durch das Bundesverfassungsgericht *Laubinger*, VerwArch 73, 60, 62 ff. *Pietzcker*, VVDStRL 41, 193, 209, äußert sich kritisch zu einer Pflicht zu optimalem Grundrechtsschutz im Verwaltungsverfahren: Diese könne nur statuiert werden, wenn das Optimum gesamthaft gedacht würde und dabei die Grundrechte aller oft gegenläufig betroffenen Grundrechtsträger sowie die sonstigen legitimen Sachziele miteinander abgewogen würden.

[118] *Hesse*, EuGRZ 1978, 427, 436. Auch die Literatur hat sich mit dem Problem des Grundrechtsschutzes durch Verfahren intensiv auseinandergesetzt. Nach *Schmidt-Aßmann*, Der Verfahrensgedanke in der Dogmatik des öffentlichen Rechts, in: *Lerche/Schmitt Glaeser/Schmidt-Aßmann* (Hrsg.), Verfahren als staats- und verwaltungsrechtliche Kategorie, 1, 3, mit weiteren Nachweisen, war der Verfahrensgedanke bestimmend für die Entwicklung des öffentlichen Rechts in den 70er und 80er Jahren.

[119] *Von Münch*, in: *von Münch/Kunig* (Hrsg.), Grundgesetz-Kommentar, Vorbemerkung Art. 1-19, Rdnr. 27. Ebenso *Geiger* für die Einzelausprägungen des Rechtsstaatsprinzips in seiner abweichenden Meinung zu *BVerfGE* 42, 64, 79 ff.

[120] Besonders deutlich hat das Bundesverfassungsgericht im Bereich der Eigentumsgarantie unmittelbar aus Art. 14 GG Verfahrensvorgaben abgeleitet, vgl. *BVerfGE* 37, 132, 140 f.; 46, 325, 334. Auch im Rahmen der Entscheidungen des Bundesverfassungsgerichts zum Asylrecht für politisch Verfolgte spielten Verfahrensanforderungen stets eine herausragende Rolle, vgl. beispielsweise *BVerfG*, DÖV 1981, 453. Einen Überblick über die Entscheidungen des Bundesverfassungsgerichts zum Grundrechtsschutz durch Verfahren findet sich in *BVerfGE* 53, 30, 72 ff.

[121] In der Literatur wurde die Diskussion angestoßen durch *Häberle*, VVDStRL 30, 43 ff., 86 ff., 121 ff., 135 ff., 189 f., der die Forderung nach der grundrechtsdogmati-

Gewährleistung eines effektiven Grundrechtsschutzes auch aus den materiellen Grundrechten verfahrensrechtliche Anforderungen abgeleitet. Zweifelhaft bleibt allerdings, wo diese Ableitung grundrechtsdogmatisch zu verorten ist. Zum Teil wird die Idee des Grundrechtsschutzes durch Verfahren insgesamt als Fortsetzung der Diskussion um die teilhaberechtliche Dimension der Grundrechte aufgefasst.[122] Andere betrachten den Grundrechtsschutz durch Verfahren als Problem der Schutzpflicht.[123] Der Grundrechtsschutz durch Verfahren wird von den einen dem status positivus,[124] von den anderen dem status activus zugeordnet.[125]

Fest steht, dass beim Grundrechtsschutz durch Verfahren der Staat aufgefordert ist, positiv zu handeln. Hier genügt nicht die bloße Freiheit vom Staat, bei der der Staat durch Nichteinmischung seinen grundrechtlichen Verpflichtungen nachkommen kann. Vielmehr entsteht Freiheit beim Grundrechtsschutz durch Verfahren erst durch aktives staatliches Handeln. Freiheit entfaltet sich damit in diesem Bereich erst durch den Staat – ein nur scheinbares Paradox, da grundrechtliche Freiheit stets auch die tatsächliche Möglichkeit voraussetzt, dass die Freiheit verwirklicht werden kann. Was Freiheit in der praktischen Umsetzung bedeutet, entscheidet sich damit maßgeblich durch das Verfahren, mit dem die grundrechtliche Freiheitsgewährleistung umgesetzt werden soll.[126] Danach ist der Grundrechtsschutz durch Verfahren dem status po-

---

schen Entwicklung eines *status activus processualis* erhob. Nach *Häberle* enthält jedes Grundrecht eine prozessuale Seite, deren Entfaltung er als grundrechtspolitische Aufgabe sieht, vgl. ebd., 126. Ausführlich zu materiellen Grundrechten als Verfahrensgarantien *Goerlich*, Grundrechte als Verfahrensgarantien, 287 ff. Kritisch hierzu *von Mutius*, NJW 1982, 2150, 2151 ff.

[122] So beispielsweise *Wahl*, VVDStRL 41, 151, 167.
[123] So *Denninger*, in: I*sensee/Kirchhoff* (Hrsg.), Handbuch des Staatsrechts, Band V, § 113, Rdnr. 4; Murswiek, in: *Sachs* (Hrsg.), Grundgesetz-Kommentar, Art. 2, Rdnr. 192 ff.; *Ossenbühl*, DÖV 1981, 1, 5.
[124] *Pieroth/Schlink*, Grundrechte - Staatsrecht II, Rdnr. 60.
[125] *Häberle*, VVDStRL 30, 43, 86 ff., spricht vom *status activus processualis*.
[126] *Häberle*, VVDStRL 30, 43, 87, führt dies zu der pointierten Aussage, dass der *Gesetzesvorbehalt* zum *Verfahrensvorbehalt* werde.

sitivus zuzuordnen.[127] Ob es sich beim Grundrechtsschutz durch Verfahren um eine eigenständige Kategorie des status positivus[128] oder um eine Möglichkeit, staatlichen Schutzpflichten nachzukommen,[129] handelt, mag hier dahinstehen. Entscheidend ist allein die grundrechtliche Pflicht des Staates, Verfahren vorzusehen, durch die das jeweilige Grundrecht optimal verwirklicht wird.

Als problematisch erweist sich hierbei die Unschärfe des Verfassungsrechts, die eine Ableitung konkreter Verfahrensanforderungen oft kaum möglich macht. Dem Gesetzgeber bleibt daher bei der Ausgestaltung des grundrechtskonkretisierenden Verfahrens ein erheblicher Spielraum.[130] Ihm ist aufgegeben, eine positive Ordnung zu schaffen, durch die das jeweilige Grundrecht verwirklicht wird. Seine Grenze findet dieser verfassungsrechtliche Auftrag erst wieder an dem Grundrecht selbst, dass durch die gesetzgeberische Ausgestaltung möglichst weitgehend verwirklicht, aber nicht eingeschränkt werden soll. Auch der Rundfunkgesetzgeber hat aus Art. 5 Abs. 1 Satz 2 GG die Pflicht zur *Gewährleistung*[131] der Rundfunkfreiheit. Er muss daher Regelun-

---

[127] Der status activus umfasst hingegen die staatsbürgerlichen Rechte, mit denen der Bürger seine Freiheit im und für den Staat betätigt, also insbesondere das Wahlrecht nach Art. 38 GG, vgl. *Pieroth/Schlink*, Grundrechte – Staatsrecht II, Rdnr. 65 f.

[128] So wohl *Pieroth/Schlink*, Grundrechte – Staatsrecht II, Rdnr. 60.

[129] So *Denninger*, in: Isensee/Kirchhoff (Hrsg.), Handbuch des Staatsrechts, Band V, § 113, Rdnr. 4; *Murswiek*, in: *Sachs* (Hrsg.), Grundgesetz-Kommentar, Art. 2, Rdnr. 192 ff.; *Ossenbühl*, DÖV 1981, 1, 5.

[130] Die Situation erweist sich als dialektisch, vgl. *Pietzcker*, VVDStRL 30, 193, 208: Das materielle Recht wird erst durch das Verfahren konkretisiert und damit verwirklicht. Gleichzeitig kann aus dem materiellen Recht aber wegen dessen verfassungsrechtlicher Struktur kein exakter Maßstab für die Ausgestaltung des Verfahrens abgeleitet werden. Nicht zu vergessen ist hierbei allerdings die Konkretisierungsfunktion des Bundesverfassungsgerichts, dessen Entscheidungen nach § 31 BVerfGG Bindungswirkung für alle Staatsgewalt, also auch für den Gesetzgeber, entfalten.

[131] Art. 5 Abs.1 Satz 2 GG spricht interessanterweise davon, dass die Rundfunkfreiheit *gewährleistet* wird. Mit dem Begriff *Gewährleisten* ist bereits sprachlich der Hinweis gegeben, dass für die tatsächliche Realisierung der Rundfunkfreiheit aktives staatliches Handeln zwingend erforderlich sind. Vgl. die parallele Formulierung in Art. 14 Grundgesetz: *Das Eigentum (...) wird gewährleistet. Sachs*, Verfassungsrecht II – Grundrechte, leitet aus dieser Formulierung in Art. 14 GG den Charakter der Ei-

gen vorsehen, die einen freien Rundfunk garantieren. Gerade im Bereich des Rundfunks würde weitgehende staatliche Nichteinmischung bei der Gestaltung der Rundfunkordnung dazu führen, dass der Rundfunk allein dem freien Spiel der Kräfte auf dem Markt überlassen wäre. Dass dieses freie Spiel der Marktkräfte häufig nicht zu einer ausgewogenen Rundfunkberichterstattung führt, sondern die Gefahr der Auslieferung des Rundfunks an bestimmte gesellschaftliche Gruppen, Parteien oder gar einzelne Personen besteht, hat das Bundesverfassungsgericht bereits in seiner ersten Rundfunkentscheidung dazu gebracht, dem Gesetzgeber den Erlass organisatorischer Maßnahmen zur Sicherung der Rundfunkfreiheit aufzuerlegen.[132] Die Idee des Grundrechtsschutzes durch Verfahren erweist sich daher auch für die Realisierung der Rundfunkfreiheit in der Praxis als grundlegend.

b) Der Schutz der Rundfunkfreiheit durch Verfahren

Für die Gewährleistung der Rundfunkfreiheit des Art. 5 Abs. 1 Satz 2 GG spielt die Grundrechtssicherung durch Verfahren in mehrfacher Hinsicht eine wichtige Rolle: Zum einen müssen gesetzlich vorgesehene Verfahren gewährleisten, dass der Rundfunk – insbesondere im Programmbereich – staatsfern organisiert ist.[133] Zum anderen muss, um dem verfassungsrechtlichen Gebot der Pluralität zu entsprechen, sichergestellt werden, dass der Rundfunk keiner gesellschaftlichen Gruppe, Partei oder Einzelperson ausgeliefert wird.[134]

---

gentumsfreiheit (auch) als Institutsgarantie ab. Nach *BVerfGE* 24, 367, 389, setzt das Eigentum als individuelles Grundrecht eine Rechtseinrichtung „Eigentum" voraus, die der Gesetzgeber zunächst schaffen muss. Die *Gewährleistung* eines Grundrechts kann also nur durch aktive Maßnahmen des Gesetzgebers, i. e. durch Schaffung einer positiven Ordnung zur Verwirklichung des jeweiligen Grundrechts, realisiert werden.

[132] *BVerfGE* 12, 205, 262. Das Beispiel Berlusconis in Italien zeigt aktuell, dass die Befürchtung der Medienkonzentration und damit auch der konzentrierten Meinungsmacht bei einer Rundfunkordnung, die allein nach den Gesetzen des freien Marktes funktioniert, nicht unberechtigt ist.

[133] Zum Gebot der Staatsferne des öffentlich-rechtlichen Rundfunks siehe oben unter 2. c) Die Autonomie des öffentlich-rechtlichen Rundfunks.

[134] Vgl. *BVerfGE* 12, 205, 262. Hierzu bereits oben unter 2. a) Die Rundfunkfreiheit als dienende Freiheit. *Hesse*, Rundfunkrecht, 167, bezeichnet die interne Ordnung der Rundfunkanstalten deshalb als Verfahrensgarantie.

Schließlich spielen verfahrensrechtliche Regelungen auch für den Zugang zum Rundfunk eine bedeutende Rolle. Die Rundfunkfreiheit enthält damit nicht nur ein materielles Gebot der Programmfreiheit, sondern auch für den Gesetzgeber die Pflicht zur institutionellen Absicherung der Rundfunkfreiheit. Die Wirkungen der vom Gesetzgeber vorgesehenen Verfahrensregeln müssen dabei zu einem dem Inhalt des Grundrechts gemäßen Ergebnis führen.[135]

Die Rechtsprechung des Bundesverfassungsgerichts hat diesen Aspekt der Rundfunkfreiheit bereits 1961 im 1. Fernsehurteil betont.[136] Nach der Feststellung, dass es sich bei der Rundfunkfreiheit um eine institutionelle Garantie handele,[137] beschäftigte sich das Gericht in seiner Entscheidung intensiv mit organisatorischen Regelungen zur Sicherung der verfassungsrechtlichen Rundfunkfreiheit. So urteilte es, dass auch private Rundfunkveranstalter Träger der Rundfunkfreiheit sein können, wenn ihre Organisation Gewähr dafür bietet, dass alle gesellschaftlich relevanten Kräfte zu Wort kommen und eine freie Berichterstattung vorhanden ist.[138] Bedenken hiergegen bestehen nach Auffassung des Bundesverfassungsgerichts insbesondere dann nicht, wenn jede Gesellschaft, die Rundfunk veranstaltet, einer Staatsaufsicht unterworfen wird.[139] Die Veranstalter von Rundfunk müssen daher so organisiert sein, dass dem Pluralismus in einer freiheitlichen demokratischen Gesellschaft Rechnung getragen wird.[140] Hierfür müssen nach dem Bundesverfassungsgericht verbindliche Leitgrundsätze aufgestellt werden, die ein „Mindestmaß an inhaltlicher Ausgewogenheit und Sachlichkeit (…) gewährleisten".[141] Die Aufstellung dieser Leitgrundsätze obliege allein dem Gesetzgeber, der die organisatorischen und sachlichen Grundsätze allgemein verbindlich regeln könne. Schließlich zieht das Bundesverfassungsgericht das Resümee, dass Art. 5 GG deshalb den Erlass solcher Gesetze zur Regelung der Organisation der Rund-

---

[135] *Hesse*, EuGRZ 1978, 427, 436.
[136] *BVerfGE* 12, 205, insbesondere 261 ff.
[137] *BVerfGE* 12, 205, 261, 262. Ebenso *BVerfGE* 31, 314, 326.
[138] *BVerfGE* 12, 205, 262.
[139] *BVerfGE* 12, 205, 262.
[140] *BVerfGE* 12, 205, 263.
[141] *BVerfGE* 12, 205, 263.

funkveranstalter verlange.[142] Damit leitet das Gericht bereits in seiner ersten Rundfunkentscheidung aus Art. 5 GG grundlegende Verfahrensvorgaben für die Gestaltung der Rundfunkordnung ab. Ohne die Idee des Grundrechtsschutzes durch Verfahren ausdrücklich zu erwähnen, konkretisiert das Bundesverfassungsgericht dadurch Art. 5 GG wesentlich über organisatorische Vorgaben für die Ausgestaltung der Rundfunkordnung.

Besonders klar tritt die Bedeutung organisatorischer Regelungen zur Ausgestaltung der Rundfunkfreiheit auch in der 8. Rundfunkentscheidung des Bundesverfassungsgerichts vom 22.2.1994, dem so genannten „Gebührenurteil", zutage, in dem das Bundesverfassungsgericht das damals geltende Verfahren zur Festsetzung der Rundfunkgebühren als verfassungswidrig verwarf.[143] Ausgangspunkt für das Bundesverfassungsgericht war auch hier wieder die von Art. 5 Abs. 1 Satz 2 GG gebotene Programmfreiheit[144], die durch eine positive Ordnung des Gesetzgebers gewährleistet werden soll. Die Programmfreiheit bringt nach dem Bundesverfassungsgericht für den öffentlich-rechtlichen Rundfunk notwendig den Anspruch auf eine funktionsgerechte Finanzierung mit sich.[145] Zur Sicherung der Unabhängigkeit des öffentlich-rechtlichen Rundfunks sei eine Finanzierung über Gebühren die einzig adäquate Finanzierungsmethode.[146] Daneben hält das Verfassungsgericht aber andere Finanzierungsquellen durchaus für zulässig, solange die Gebührenfinanzierung hierdurch nicht in den Hintergrund gedrängt wird.[147] Für die Gebührenerhebung durch die öffentlich-rechtlichen Rundfunkanstalten verlangt

---

[142] *BVerfGE* 12, 205, 263.

[143] *BVerfGE* 90, 60.

[144] Nach dem Bundesverfassungsgericht ist *Rundfunkfreiheit vor allem Programmfreiheit*, vgl. *BVerfGE* 59, 231, 258; 87, 181, 201; 90, 60, 87.

[145] Einen Finanzierungsgewährleistungsanspruch des öffentlich-rechtlichen Rundfunks erkannte das Bundesverfassungsgericht auch schon in seiner 6. und 7. Rundfunkentscheidung an, vgl. *BVerfGE* 83, 238, 298; 87, 181, 199. Zur funktionsgerechten Finanzierung der Rundfunkanstalten als Element der verfassungsrechtlichen Rundfunkfreiheit *Dörr*, Programmvielfalt im öffentlich-rechtlichen Rundfunk durch funktionsgerechte Finanzausstattung, 25 ff.

[146] *BVerfGE* 73, 118, 158; 87, 181, 199; 90, 60, 90.

[147] *BVerfGE* 90, 60, 91.

das Bundesverfassungsgericht eine Struktur, die den Gefahren der Einflussnahme auf den öffentlich-rechtlichen Rundfunk bereits im Vorfeld begegnet. Diese Struktur kann nach dem Bundesverfassungsgericht nur in einer angemessenen Verfahrensregelung bestehen.[148] Grundrechtsschutz durch Verfahren sei insbesondere in den Fällen erforderlich, in denen Grundrechtsverletzungen bei einer nachträglichen Ergebniskontrolle nicht mehr korrigiert werden könnten. Eine solche Situation ist nach dem Verfassungsgericht bei Einflussnahmen über die Gebührenerhebung auf die öffentlich-rechtlichen Rundfunkanstalten gegeben.[149] Im Anschluss an diese Feststellung entwickelt das Bundesverfassungsgericht ein detailliertes dreistufiges Verfahren der Gebührenfestsetzung als Vorgabe für den Gesetzgeber und stellt damit grundlegende Weichen für die Ausgestaltung der Gebührenfestsetzung.[150] Das vom Bundesverfassungsgericht zu überprüfende damalige Verfahren der Gebührenfestsetzung sicherte den Rundfunkanstalten nach Ansicht des Gerichts nicht ausreichend die zur Erfüllung ihres Auftrags erforderlichen Mittel und schloss auch staatliche Einflussnahme auf die Programmgestaltung nicht aus,[151] weshalb das Gericht die Regelung als verfassungswidrig verwarf. Die Umsetzung der neuen Vorgaben des Gebührenurteils für das Gebührenfestsetzungsverfahren erfolgte dann durch den Gesetzgeber im Rundfunkstaatsvertrag.[152]

Beide Entscheidungen des Bundesverfassungsgerichts zeigen, dass das Gericht für die Sicherung der Rundfunkfreiheit in erster Linie den Weg des Grundrechtsschutzes durch Verfahren gewählt hat. Dieser Weg erscheint insofern nahe liegend als Verfahrensregelungen zwar ein ausgewogenes Meinungsspektrum schaffen können. Wegen ihrer Inhaltsneutralität lassen sie a-

---

[148] *BVerfGE* 90, 60, 96.

[149] *BVerfGE* 90, 60, 96.

[150] Vgl. im einzelnen *BVerfGE* 60, 90, 97 ff. Zum Verfahren der Rundfunkgebührenfestsetzung auch *Dörr*, Unabhängig und gemeinnützig – Ein Modell von gestern? in: *ARD* (Hrsg.), 50 Jahre ARD, 12, 17 ff.; *Dörr*, VerwArch 2001, 149, 162 ff.

[151] *BVerfGE* 90, 60, 97.

[152] Zu den Änderungen, die durch den 3. Rundfunkänderungsstaatsvertrag vom 1.1.1997 infolge des Gebührenurteils eingeführt wurden, *Dörr*, NJW 1997, 1341, 1344 ff. Zur Entwicklung der Höhe der Rundfunkgebühr seit 1969 vgl. *Hartstein/Ring/Kreile/Dörr/Stettner*, Rundfunkstaatsvertrag, Teil B 5, § 12, Rdnr.10.

ber gleichzeitig der freien Meinungsbildung den notwendigen Spielraum.[153] Der Gesetzgeber hat damit den verfassungsrechtlichen Auftrag, zum Schutz der Rundfunkfreiheit eine positive Ordnung zu schaffen. Im Rahmen dieser Ordnung muss er Verfahren vorsehen, die das Grundrecht der Rundfunkfreiheit in der Praxis möglichst effektiv gewährleisten. Die verfassungsrechtliche Rundfunkfreiheit wird daher wesentlich durch einfachgesetzliche organisatorische Regelungen konkretisiert. Für die Stellung des Datenschutzbeauftragten beim NDR und deren organisatorische Ausgestaltung entfaltet dieser institutionelle Aspekt der Rundfunkfreiheit besondere Bedeutung.[154]

5. Die Gesetzgebungskompetenzen

Aus verfassungsrechtlicher Sicht stellt sich neben den erörterten grundrechtlichen Aspekten zuletzt die Frage, ob die Länder oder der Bund die Gesetzgebungskompetenz für den Datenschutz im Rundfunk besitzen. Die Gesetzgebungskompetenzen werden im Grundgesetz zwischen Bund und Ländern in den Art. 70 ff. GG verteilt. Gemäß Art. 70 GG sind im Grundsatz die Länder zur Gesetzgebung befugt. Damit darf der Bund nur dann gesetzgeberisch tätig werden, wenn im Grundgesetz eine ausdrückliche Zuständigkeitsregelung zugunsten des Bundes besteht.[155] In der Praxis liegt hingegen – im Gegensatz zu der vom Grundgesetz aufgestellten Regel – der Schwerpunkt der Gesetzgebungstätigkeit beim Bund.[156] Bei der Beschreibung der Gegenstände, die jeweils dem Landes- oder dem Bundesgesetzgeber zugeordnet werden, wählt das Grundgesetz zwei verschiedene Zuordnungskriterien.[157] Zum einen werden bestimmte Sachbereiche zugeordnet, etwa der Luftverkehr oder die Telekommunikation, zum anderen bestimmte Rechtsmaterien, etwa das bürgerli-

---

[153] *Hesse*, Rundfunkrecht, 147.

[154] Hierzu in einzelnen unter 6. Die Konsequenzen für die Stellung des Datenschutzbeauftragten beim NDR.

[155] Vgl. hierzu den Wortlaut von Art. 70 GG, *soweit dieses Grundgesetz nicht dem Bunde Gesetzgebungsbefugnisse verleiht.*

[156] *Degenhart*, Staatsrecht I, Rdnr. 113; *Maunz/Zippelius*, Deutsches Staatsrecht, 118; *Maurer*, Staatsrecht I, § 17 Rdnr. 23 ff.

[157] *Degenhart*, Staatsrecht I, Rdnr. 120 ff; *ders.*, in, *Sachs* (Hrsg.), Grundgesetz-Kommentar, Art. 70, Rdnr. 44 ff.

che Recht, das Strafrecht oder das Vereinsrecht.[158] Der Datenschutz im Rundfunk kann entweder dem Datenschutz als rechtlicher Querschnittsmaterie oder thematisch dem Rundfunkrecht zugeordnet werden. Der Datenschutz als solcher wird im Kompetenzgefüge der Art. 70 ff. GG nicht erwähnt. Die Zuständigkeit des Landes- oder Bundesgesetzgebers im Bereich des Datenschutzrechts ergibt sich daher aus der jeweiligen Zuständigkeit für den thematischen Sektor, in dem der Datenschutz geregelt werden soll.[159] Die Kompetenz für den Datenschutz im öffentlich-rechtlichen Rundfunk richtet sich daher nach der Gesetzgebungskompetenz für den Rundfunk.

Die Gesetzgebungskompetenz im Bereich des Rundfunks war bei Entstehung des Grundgesetzes umstritten.[160] Das Bundesverfassungsgericht entschied 1961 im 1. Fernsehurteil, dass den Ländern gemäß Art. 30, 70 GG die Kompetenz zur Gesetzgebung im Bereich des Rundfunks zukomme.[161] Insbesondere besitze der Bund im Rundfunkbereich keine Kompetenz kraft Natur der Sache.[162] Zwar hat der Bund nach Art. 73 Nr. 7 GG die ausschließliche Gesetzgebungskompetenz für das Postwesen und die Telekommunikation inne. Diese Kompetenz umfasst aber nur einzelne Teilbereiche des Rundfunks, vor allem die fernmeldetechnischen Mittel für die Übertragung der Rundfunksignale, also den gesamten sendetechnischen Bereich des Rundfunks unter Ausschluss der so genannten Studiotechnik.[163] Soweit die kulturrechtliche Seite des Rundfunks betroffen ist, liegt die Kompetenz zur Rundfunkgesetzgebung nach der verfassungsrechtlichen Grundregel bei den Ländern.[164] Eine Ausnahme gilt wegen der Kompetenz des Bundes für auswärtige Angelegenheiten nach Art. 73 Nr. 1 GG nur für die Deutsche Welle, deren Sendungen in erster Linie für die Verbreitung außerhalb der Bundesrepublik bestimmt sind.[165] Die

---

158 Vgl. Art. 74 Abs. 1 Nr. 1 bzw. 3 GG.
159 *Tinnefeld/Ehmann*, Einführung in das Datenschutzrecht, 94.
160 Vgl. *Hartstein/Ring/Kreile/Dörr/Stettner*, Rundfunkstaatsvertrag, Teil B 2, Rdnr.2.
161 *BVerfGE* 12, 205.
162 *BVerfGE* 12, 205, 229. *Maunz*, in: *Maunz/Dürig*, Grundgesetz, Art. 30 Rdnr. 14.
163 Vgl. *BVerfGE* 12, 205, 226 f.
164 *BVerfGE* 12, 205, 249.
165 Hierzu *Dörr*, Die verfassungsrechtliche Stellung der Deutschen Welle, 20 ff.

kulturrechtliche Seite des Rundfunks umfasst die Rundfunkunternehmensver-
fassung sowie die Programmgestaltung der Rundfunksender.[166] Die Kompetenz für den Datenschutz im Rundfunk liegt folglich mit Ausnahme der Deutschen Welle, für die § 41 BDSG gilt, bei den Ländern. Die zentralen Regelungen für den Datenschutz im Rundfunk können daher nur durch die Länder
selbst erfolgen, entweder in den einzelnen Landesgesetzen oder im Rundfunkstaatsvertrag der Länder. Der Bund kann über den Datenschutz als Querschnittsmaterie nicht die Kompetenzaufteilung im föderalen System durchbrechen und Kompetenzen, die inhaltlich den Ländern zustehen, an sich zie-
hen. Die Kompetenzen der Länder im Rundfunkbereich können auch nicht
von den Ländern an den Bund übertragen werden. Hierzu ist vielmehr eine
Verfassungsänderung notwendig, die die entsprechende Materie ausdrücklich
dem Bund zuweist. Daher ist in jedem Fall eine Regelung des Landesgesetz-
gebers erforderlich. Die Länder haben somit im Bereich aller Daten, die in
einer öffentlich-rechtlichen Rundfunkanstalt anfallen, die Gesetzgebungskompetenz. Dies ist auch bei der Umsetzung der EG-Datenschutzrichtlinie zu
beachten. Zwar ist die Bundesrepublik Deutschland insgesamt zur Umsetzung
verpflichtet. Der Bund darf aber auch hier nicht unter Berufung auf EG-Recht
das verfassungsrechtliche vorgesehene Kompetenzgefüge durchbrechen.

6. Die Konsequenzen für die Stellung des Datenschutzbeauftrag-ten beim NDR

Die grundrechtlich bedingte Autonomie des öffentlich-rechtlichen Rundfunks
gebietet nicht nur in inhaltlicher Hinsicht Staatsferne im Sinne einer Nichteinmischung staatlicher Stellen in die Programmgestaltung des öffentlich-
rechtlichen Rundfunks. Auch die Organisation der öffentlich-rechtlichen
Rundfunkanstalten muss gemäß der für die Rundfunkfreiheit wesentlichen
Konzeption des Grundrechtsschutzes durch Verfahren[167] staatsfern erfolgen.
Das Selbstverwaltungsrecht der öffentlich-rechtlichen Rundfunkanstalten ist

---

[166] *Hartstein/Ring/Kreile/Dörr/Stettner*, Rundfunkstaatsvertrag, Teil B 2, Rdnr. 14.
[167] Hierzu ausführlich oben unter II. 4. Die institutionelle Sicherung der Rundfunkfreiheit.

daher die notwendige Konsequenz aus dem verfassungsrechtlichen Gebot der Staatsferne des öffentlich-rechtlichen Rundfunks.[168] Zwar handelt es sich bei den öffentlich-rechtlichen Rundfunkanstalten der Rechtsform nach um Anstalten des öffentlichen Rechts.[169] Da diese Rundfunkanstalten aber gleichzeitig auch Träger des Grundrechts der Rundfunkfreiheit sind,[170] besitzen sie notwendig das Recht zur Selbstverwaltung.[171] Mit der Gründung von öffentlich-rechtlichen Rundfunkanstalten kann und soll damit keine mittelbare Staatsverwaltung des Rundfunks geschaffen, sondern vielmehr die grundrechtlich gewährleistete Rundfunkfreiheit gesichert werden.[172] Die öffentlich-rechtlichen Rundfunkanstalten können daher auch als „typischer Fall einer untypischen Anstalt" betrachtet werden.[173]

Dies hat auch für die Stellung des Datenschutzbeauftragten beim öffentlich-rechtlichen Rundfunk Folgen. So ergibt sich aus dem Verfassungsgebot der Staatsferne des öffentlich-rechtlichen Rundfunks die Notwendigkeit, einen anstaltseigenen Datenschutzbeauftragten einzusetzen.[174] Die verfassungsrechtliche Grundentscheidung für einen staatsfernen öffentlich-rechtlichen Rundfunk muss vom einfachen Gesetzgeber, also beispielsweise auch von den Ländern, die einen Rundfunkstaatsvertrag zur Gründung einer Mehrländeran-

---

[168] Hierzu detailliert *Schreier*, Das Selbstverwaltungsrecht der öffentlich-rechtlichen Rundfunkanstalten, 257 ff.

[169] Für den NDR vgl. die Regelung in § 1 Abs. 1 NDR-StV.

[170] Hierzu oben 2. c) Die Autonomie des öffentlich-rechtlichen Rundfunks.

[171] Für den NDR ist dieses Recht der Selbstverwaltung in § 1 Abs. 2 NDR-StV statuiert. Es handelt sich hierbei jedoch lediglich um eine klarstellende einfachgesetzliche Regelung, da sich das Recht auf Selbstverwaltung nach der Rechtsprechung des Bundesverfassungsgerichts bereits aus Art. 5 Abs. 1 Satz 2 GG ergibt, hierzu oben unter 2. c) Die Autonomie des öffentlich-rechtlichen Rundfunks sowie unter 4. b) Der Schutz der Rundfunkfreiheit durch Verfahren.

[172] Das Ziel der Gründung einer öffentlich-rechtlichen Anstalt kann also auch in der Freiheitssicherung bestehen, vgl. *Breuer*, VVDStRL 44, 211, 229, 235.

[173] So *Berends*, DÖV 1975, 413, 415.

[174] Vgl. *Gall*, DuD 1993, 383, 384; *Hartstein/Ring/Kreile/Dörr/Stettner*, Rundfunkstaatsvertrag, Teil B 5, § 47, Rdnr.4; *Herb*, VBlBW 1999, 171, 172; *Hesse*, Rundfunkrecht, 137 f. So für die Bundesrundfunkanstalten *Hein*, NJW 1991, 2614. Kritisch zu einer

stalt schließen, bei der Ausgestaltung der Stellung des Datenschutzbeauftragten beim Rundfunk zwingend beachtet werden. Eine Kontrolle des Datenschutzes im Rundfunk durch externe staatliche Behörden erweist sich wegen des Gebots der Staatsferne des öffentlich-rechtlichen Rundfunks als verfassungsrechtlich unzulässig. Überlegungen, so genannte Sonderzuständigkeiten bei Mediendiensten und beim Rundfunk zugunsten einer zentralen behördlichen Kontrolle abzuschaffen,[175] stoßen daher im Bereich des Rundfunks auf grundlegende verfassungsrechtliche Bedenken.[176]

Die Stellung des anstaltsinternen Datenschutzbeauftragten ist mit der des Landesdatenschutzbeauftragten durchaus vergleichbar.[177] Auch der Datenschutzbeauftragte beim Rundfunk ist in Ausübung seines Amtes unabhängig und nur dem Gesetz unterworfen.[178] Er besitzt eine richterähnliche Stellung.[179] Gegenüber staatlichen Behörden kann sich der Datenschutzbeauftragte beim Rundfunk auf die Staatsferne der öffentlich-rechtlichen Rundfunkanstalt berufen und damit die Kontrolle seiner Tätigkeit durch weitere staatliche Stellen verhindern. In seiner Funktion als Datenschutzbeauftragter können ihm daher auch von keiner Seite – weder innerhalb noch außerhalb der Rundfunkanstalt – Weisungen erteilt werden.[180] Zudem muss die persönliche Stel-

---

mit der Staatsferne begründeten „Sonderbehandlung" des Rundfunks *Simitis*, AfP 1990, 14, 20.

[175] So *Roßnagel/Pfitzmann/Garstka*, Modernisierung des Datenschutzrechts, 191, wobei jedoch für den journalistisch-redaktionellen Bereich „im Hinblick auf die grundrechtlich garantierte Pressefreiheit nach Art. 5 GG und die Rechtsprechung des Bundesverfassungsgerichts auch in Zukunft eigenständige Datenschutzbeauftragte der Rundfunkanstalten vorzusehen seien".

[176] *Eberle*, CR 1992, 757, 761, kommt zu dem Ergebnis, dass der Ansatz eines einheitlichen und umfassenden Informationsrechts aus rechtlichen und praktischen Gründen zum Scheitern verurteilt sei.

[177] *Gall*, DuD 1993, 383, 384; *Herb*, VBlBW 1999, 171, 172.

[178] So auch die Formulierung in § 41 Abs. 2 Satz 2 NDR-StV; vgl. auch *Gall*, DuD 1993, 383, 384.

[179] *Bergmann/Möhrle/Herb*, BDSG-Kommentar, § 42 Rdnr. 21; *Rudolf*, Datenschutz – Ein Grundrecht, in: *Arndt/Geis/Lorenz* (Hrsg.), Staat – Kirche – Verwaltung, Festschrift Maurer, 269, 276.

[180] *Herb*, DuD 1993, 380, 381.

lung des Datenschutzbeauftragten gesichert sein, er darf wegen der Erfüllung seiner Pflichten als Datenschutzbeauftragter der Rundfunkanstalt nicht benachteiligt werden.[181] Dies ist insbesondere dann wichtig, wenn die Stelle des Datenschutzbeauftragten in der Rundfunkanstalt – wie dies in der Praxis häufig der Fall ist – nur nebenamtlich von jemandem wahrgenommen wird, der hauptamtlich eine Position innerhalb der betreffenden Rundfunkanstalt innehat.

Auch das Verfahren der Bestellung des Datenschutzbeauftragten beim Rundfunk muss dessen Unabhängigkeit gewährleisten. Zwar lassen sich aus dem Verfassungsrecht keine Einzelheiten des Verfahrens ableiten, etwa wer den Kandidaten für das Amt des Datenschutzbeauftragten vorschlagen soll oder welches Gremium den Datenschutzbeauftragten wählt bzw. ernennt. Diese Einzelregelungen liegen grundsätzlich im Ermessen des einfachen Gesetzgebers. Jedoch muss der einfache Gesetzgeber auch durch das Verfahren der Bestellung die Unabhängigkeit der Position des Datenschutzbeauftragten gewährleisten und damit dem ihm auferlegten verfassungsrechtlichen Gebot des Schutzes der Rundfunkfreiheit durch Verfahren nachkommen. Nicht vereinbar mit dieser verfassungsrechtlichen Vorgabe der Unabhängigkeit wäre etwa die Bestellung durch eine staatliche Stelle außerhalb der Rundfunkanstalt. Die Bestellung des Datenschutzbeauftragten durch den Verwaltungsrat der Rundfunkanstalt als rundfunkinternem Gremium, wie sie § 41 Abs. 2 NDR-StV vorsieht, entspricht daher dem Gebot der Unabhängigkeit des Datenschutzbeauftragten gegenüber staatlichen Stellen. Die praktische Ausgestaltung der unabhängigen Position des Datenschutzbeauftragten beim Rundfunk ist im Detail ebenfalls nicht vom Verfassungsrecht vorgegeben. Um aber de facto die verfassungsrechtlich notwendige unabhängige Stellung des Datenschutzbeauftragten zu garantieren, erscheint es ratsam, gerade bei einer nebenamtlichen Tätigkeit als Datenschutzbeauftragter auf eine organisatorische Trennung der verschiedenen Aufgaben zu achten.[182] So dokumentieren beispiels-

---

[181]   *Herb*, DuD 1993, 380, 381.

[182]   Nur über die vollkommene Unabhängigkeit des Datenschutzbeauftragten in seiner Amtsausübung und die strikte rechtliche und faktische Trennung dieser Position von anderen Tätigkeiten in der betreffenden Rundfunkanstalt ist es zu erklären, dass beim

weise ein separater Telefon- und Telefaxanschluss, eine eigene E-Mail-Adresse und ein separater Briefkopf die vollkommene sachliche Unabhängigkeit des Datenschutzbeauftragten innerhalb der Rundfunkanstalt sowie nach außen. Dies ist insofern auch wichtig, als die Unabhängigkeit des Datenschutzbeauftragten nur für den Bereich seiner Tätigkeit gilt. Nimmt er – oft hauptamtlich – weitere Aufgaben innerhalb der Rundfunkanstalt war, kann er sich für diese in keinem Fall auf seine unabhängige Stellung als Datenschutzbeauftragter berufen.[183] Zur Sicherung der Unabhängigkeit des Datenschutzbeauftragten ist zudem eine eigene finanzielle Ausstattung des Datenschutzbeauftragten nötig.[184] Die Höhe des Etats des Datenschutzbeauftragten ist verfassungsrechtlich nicht vorgegeben, sondern kann vom einfachen Gesetzgeber bestimmt werden. Jedoch muss die finanzielle Ausstattung derart sein, dass die unabhängige Stellung des Datenschutzbeauftragten gesichert ist. Als Minimum erscheint hier ein Etat angemessen, mit dem eine eigenständige Büroverwaltung möglich ist. Diese Vorgabe muss der Gesetzgeber bei der Festlegung der finanziellen Ausstattung des Datenschutzbeauftragten zwingend beachten.

Die Funktionen und die Stellung des Datenschutzbeauftragten beim Rundfunk entsprechen im Allgemeinen denen der Landesbeauftragten für den Datenschutz. Wie die Landesdatenschutzbeauftragten überwachen auch die Datenschutzbeauftragten in den öffentlich-rechtlichen Rundfunkanstalten die Einhaltung der Datenschutzvorschriften, jedoch nur innerhalb der jeweiligen Rundfunkanstalt.[185] Die besondere verfassungsrechtliche Konfliktlage zwischen Datenschutz und Rundfunkfreiheit, die die Stellung des Datenschutzbeauftragten beim Rundfunk prägt, führt aber in der Arbeit des Rundfunkdatenschutzbeauftragten zu einem grundlegenden Problem: Da das Medienprivileg

---

NDR der Vertreter des nebenamtlichen Datenschutzbeauftragten häufig dessen Vorgesetzter in der Haupttätigkeit war.

[183] Vgl. beispielsweise die Formulierung in § 41 Abs. 2 Satz 3 NDR-StV: „Dies (i.e. die Unabhängigkeit des Datenschutzbeauftragten) gilt nicht, soweit er oder sie andere Aufgaben innerhalb der Anstalt wahrnimmt".

[184] So auch *Gall*, DuD 1993, 383, 384.

[185] *Gall*, DuD 1993, 383, 384.

nur für den Bereich der zu journalistisch-redaktionellen Zwecken verwendeten Daten gilt, muss in der Praxis eine Trennung zwischen journalistischen und personenbezogenen Verwaltungsdaten erfolgen. Dies ist auch aus verfassungsrechtlicher Perspektive erforderlich, da die Rundfunkfreiheit im Bereich der personenbezogenen Verwaltungsdaten grundsätzlich ein geringeres Gewicht gegenüber dem Recht auf informationelle Selbstbestimmung besitzt als im programmlichen Bereich des Rundfunks. Bei personenbezogenen Verwaltungsdaten, die nicht unmittelbar für die inhaltliche Arbeit im Rundfunk gespeichert und verwertet werden, ist daher aus grundrechtlicher Sicht ein umfassender Datenschutz eher möglich als bei Daten, die für die redaktionelle Arbeit benötigt werden. Aus diesem Grund unterstellen die Datenschutzgesetze in Berlin, Brandenburg, Bremen und Hessen die personenbezogenen Verwaltungsdaten in den öffentlich-rechtlichen Rundfunkanstalten der Kontrolle des Landesdatenschutzbeauftragten.[186]

Dies ist jedoch beispielsweise im Hinblick auf den Rundfunkgebühreneinzug problematisch, da somit eine unzulässige mittelbare Staatskontrolle ausgeübt wird.[187] Die Rundfunkgebühren sind die vorrangige Einnahmequelle der Rundfunkanstalten. Deshalb sind Einwirkungen, welche zur Minderung der Gebühreneinnahmen führen, nicht zulässig. Die Auffassung des Hessischen Landesdatenschutzbeauftragten, die Datenerhebung durch Ankauf von Adressen zwecks Anschreiben zur Frage, ob Rundfunkgeräte vorhanden seien, sei unzulässig, hätte daher für den Hessischen Rundfunk im Jahr 2000 zu Gebührenmindereinnahmen von über 25 Mio. Euro geführt.[188] Dieses Beispiel zeigt, dass die Kontrolle des Gebühreneinzugs durch die staatlichen Landesdatenschutzbeauftragten eine unzulässige mittelbare staatliche Kontrolle darstellt. Dem Datenschutzbeauftragten beim öffentlich-rechtlichen Rundfunk bleibt nach diesem Modell ausschließlich die Kontrolle der journalistisch-redaktionellen Daten in der Rundfunkanstalt, während der Landesdaten-

---

[186] Vgl. § 31 BlnDSG, § 33 BbgDSG; §§ 1 Abs. 5, 36 BremDSG, § 3 Abs. 5, 37 HessDSG.

[187] Siehe insoweit *BVerfGE* 90, 60, 88.

[188] Vgl. zu diesem Problem auch den 30. Tätigkeitsbericht des Hessischen Datenschutzbeauftragten, 165, 166.

schutzbeauftragte die für Verwaltungszwecke gespeicherten Daten kontrolliert.

Diese Praxis erscheint aus verfassungsrechtlicher Sicht äußerst bedenklich.[189] Indem der Landesdatenschutzbeauftragte als staatliche Behörde die personenbezogenen Verwaltungsdaten der Rundfunkanstalt kontrolliert, greift der Staat in die aus dem Gebot der Staatsferne abgeleitete Organisationshoheit der öffentlich-rechtlichen Rundfunkanstalt ein. Dies ist insbesondere deshalb problematisch, weil eine Trennung zwischen personenbezogenen Verwaltungsdaten und journalistisch-redaktionellen Daten in der Praxis kaum möglich ist.[190] So kann die Honorierung eines freien Mitarbeiters unter dem Aspekt der Honorarzahlung als reine Verwaltungsangelegenheit betrachtet werden. Jedoch können die dafür erhobenen Daten auch verwendet werden, um festzustellen, in welchen Themengebieten der entsprechende Mitarbeiter bereits Beiträge geleistet hat. Da die Trennung zwischen personenbezogenen Verwaltungsdaten und Daten, die zu redaktionellen Zwecken verwendet werden, in der Praxis nicht durchführbar ist, müssen aus verfassungsrechtlicher Sicht alle zu kontrollierenden Daten dem Datenschutzbeauftragten der Rundfunkanstalt überantwortet werden. Das Problem, dass die Daten in der Praxis oft schwer als rein journalistisch-redaktionelle Daten oder rein personenbezogene Verwaltungsdaten klassifiziert werden können, kann allein institutionell durch einen einheitlichen Datenschutzbeauftragten gelöst werden. Jede andere Lösung führt unweigerlich zu Streitigkeiten über die Kompetenzabgrenzung. Nur durch einen einheitlichen Datenschutzbeauftragten kann auch verhindert werden, dass das Zensurverbot über den Weg einer fälschlichen Qualifikation von Daten als personenbezogene Verwaltungsdaten umgangen wird. Da die gesamte Tätigkeit der öffentlich-rechtlichen Rundfunkanstalt dem staatlichen Einfluss entzogen ist, müssen alle von der öffentlich-rechtlichen Rundfunkanstalt gespeicherten Daten vom Datenschutzbeauftragten des Rundfunks kon-

---

[189] Ebenso *Bergmann/Möhrle/Herb*, BDSG-Kommentar, § 41 Rdnr. 92; *Eberle*, CR 1992, 757, 759 f.; *Gall*, DuD 1993, 383, 384; *Herb*, DuD 1993, 380, 382.
[190] Hierzu *Herb*, DuD 1993, 380, 381.

trolliert werden.[191] Nur so kann dem Gebot der Staatsferne des öffentlich-rechtlichen Rundfunks im Bereich des Datenschutzes in der Praxis effektiv Rechnung getragen werden.

7. Ergebnis zu den verfassungsrechtlichen Vorgaben für die Stellung des Datenschutzbeauftragten beim NDR

1. Die grundrechtliche Kollisionslage zwischen der Rundfunkfreiheit, die für die Information der Bevölkerung einer demokratischen Gesellschaft unerlässlich ist, und dem Recht des einzelnen auf Schutz seiner Daten schlägt sich im Bereich des Datenschutzes im Rundfunk exemplarisch nieder.

2. Die Rundfunkfreiheit stellt als so genannte dienende Freiheit ein drittnütziges Freiheitsrecht dar. Sie dient der freien, individuellen und öffentlichen Meinungsbildung und ist Grundvoraussetzung für eine funktionsfähige Demokratie.

3. Aus dem Konzept der Rundfunkfreiheit als dienender Freiheit ergibt sich die Pflicht des öffentlich-rechtlichen Rundfunks zur Grundversorgung der Bevölkerung.

4. Der Grundsatz der Autonomie des öffentlich-rechtlichen Rundfunks, der eng mit dem Pluralitätsgebot zusammenhängt, konkretisiert sich im verfassungsrechtlichen Gebot der Staatsferne des Rundfunks.

5. Der Konflikt zwischen Recht auf informationelle Selbstbestimmung und Rundfunkfreiheit erfährt durch das Medienprivileg als einfachgesetzlicher Umsetzung des Verfassungsgebotes aus Art. 5 Abs. 1 Satz 2 GG eine sachgerechte Lösung. Der datenschutzrechtliche Grundsatz *in dubio pro securitate* muss daher für den Datenschutz im öffentlich-rechtlichen Rundfunk durch den Grundsatz *in dubio pro libertate* zugunsten der Rundfunkfreiheit ersetzt werden.

---

[191] So auch *Gall*, DuD 1993, 383, 384.

6. Der Grundrechtsschutz durch Verfahren besitzt für die Sicherung der Rundfunkfreiheit entscheidende Bedeutung. Der Gesetzgeber hat den verfassungsrechtlichen Auftrag, die Rundfunkfreiheit insbesondere durch Verfahrensregelungen zu konkretisieren.

7. Die Kompetenz für den Datenschutz im Rundfunk liegt – außer für die Deutsche Welle, auf die § 41 BDSG Anwendung findet, – bei den Ländern.

8. Das Gebot der Staatsferne des öffentlich-rechtlichen Rundfunks verlangt zum einen, dass sich staatliche Stellen nicht in die Programmgestaltung des öffentlich-rechtlichen Rundfunks einmischen. Zum anderen muss auch die Organisation der öffentlich-rechtlichen Rundfunkanstalten staatsfern erfolgen, so dass sich aus dem Gebot der Staatsferne auch das Selbstverwaltungsrecht der öffentlich-rechtlichen Rundfunkanstalten ableitet.

9. Da sich eine Kontrolle des Datenschutzes im Rundfunk durch externe staatliche Behörden wegen des Gebots der Staatsferne als verfassungsrechtlich unzulässig erweist, ist es verfassungsrechtlich geboten, einen anstaltseigenen Datenschutzbeauftragten einzusetzen.

10. Dieser Datenschutzbeauftragte ist in Ausübung seines Amtes unabhängig und nur dem Gesetz unterworfen. Er besitzt eine richterähnliche Stellung und kann daher auch von keiner Seite Weisungen erhalten.

11. Der einfache Gesetzgeber muss bei der Ausgestaltung des Verfahrens der Bestellung des Datenschutzbeauftragten beim Rundfunk dessen Unabhängigkeit gewährleisten. Insbesondere bei einer nebenamtlichen Tätigkeit als Datenschutzbeauftragter ist auf eine organisatorische Trennung der verschiedenen Aufgaben zu achten.

12. Zu Sicherung seiner Unabhängigkeit muss der Datenschutzbeauftragte eine eigene finanzielle Ausstattung erhalten, die ihm zumindest eine eigenständige Büroverwaltung ermöglicht.

13. Da eine Trennung zwischen personenbezogenen Verwaltungsdaten und journalistisch-redaktionellen Daten in der Praxis kaum durchführbar ist, muss der Datenschutzbeauftragte beim Rundfunk alle von der öffentlich-rechtlichen Rundfunkanstalt gespeicherten Daten kontrollieren.

III. Die einfachgesetzliche Ausgestaltung der Rechtsstellung des Datenschutzbeauftragten beim NDR

Eine einheitliche einfachgesetzliche Regelung für den Datenschutz bei den öffentlich-rechtlichen Rundfunkanstalten gibt es nicht.[192] Das in § 41 Abs. 2 BDSG verankerte Medienprivileg des Bundesdatenschutzgesetzes gilt entsprechend der verfassungsrechtlichen Kompetenzverteilung im Rundfunkbereich nur für die Deutsche Welle[193] als einzige Bundesrundfunkanstalt. Auf die einzelnen Landesrundfunkanstalten als öffentliche Stellen der Länder findet grundsätzlich das Datenschutzgesetz des Bundeslandes Anwendung, in dem die Rundfunkanstalt ihren Sitz hat.[194] Bei Mehrländeranstalten wie dem NDR[195] verweist der Staatsvertrag für die betreffende Anstalt auf das Datenschutzgesetz eines Landes. Für den NDR gilt gemäß § 41 Abs. 1 NDR-StV das Hamburgische Datenschutzgesetz. Damit befindet sich die Ausgangsregelung verfassungsrechtlich zutreffend im Rundfunkrecht mit Verweis auf das Datenschutzrecht, das in modifizierter Form Anwendung findet. Die datenschutzrechtliche Regelung des § 47 des Rundfunkstaatsvertrages der Länder (RStV) gilt – da sie sich im III. Abschnitt des Rundfunkstaatsvertrages befindet – nur für den privaten Rundfunk. Der Rundfunkstaatsvertrag enthält damit für den Datenschutz beim NDR als einer Anstalt des öffentlichen Rechts keine Vorgaben.

Die Stellung des Datenschutzbeauftragten beim NDR ist einfachgesetzlich in § 41 Abs. 2 bis Abs. 9 NDR-StV geregelt. Nach § 41 Abs. 2 NDR-StV bestellt der Verwaltungsrat den Datenschutzbeauftragten und trifft auch eine Vertretungsregelung. Da der Datenschutzbeauftragte wegen der verfassungs-

---

[192] *Hartstein/Ring/Kreile/Dörr/Stettner*, Rundfunkstaatsvertrag, Teil B 5, § 47, Rdnr.3.

[193] Zur Gesetzgebungs- und Verwaltungskompetenz des Bundes im Bereich des Auslandsrundfunks vgl. *Dörr*, Die verfassungsrechtliche Stellung der Deutschen Welle, 18 ff.

[194] *Hartstein/Ring/Kreile/Dörr/Stettner*, Rundfunkstaatsvertrag, Teil B 5, § 47, Rdnr.3.

[195] Gemäß § 1 Abs. 1 NDR-StV erstreckt sich das Sendegebiet des NDR auf die Freie und Hansestadt Hamburg, Mecklenburg-Vorpommern, Niedersachsen und Schleswig-Holstein.

rechtlich gebotenen Staatsferne des öffentlich-rechtlichen Rundfunks[196] von der Rundfunkanstalt selbst zu bestellen ist, entspricht die Bestellung durch den Verwaltungsrat beim NDR den verfassungsrechtlichen Vorgaben. Die verfassungsrechtlich notwendige Unabhängigkeit des Datenschutzbeauftragten bei der Ausübung seines Amtes ist für den Datenschutzbeauftragten des NDR einfachgesetzlich in § 41 Abs. 2 Satz 2 NDR-StV statuiert. Gemäß § 41 Abs. 3 Satz 1 NDR-StV überwacht der Datenschutzbeauftragte des NDR die Einhaltung der Datenschutzvorschriften für alle beim NDR anfallenden personenbezogenen Daten. Eine verfassungsrechtlich bedenkliche Aufspaltung der Datenkontrolle[197] wurde damit vermieden. Bei Verstößen gegen Datenschutzbestimmungen beanstandet der Datenschutzbeauftragte nach § 41 Abs. 5 NDR-StV den Verstoß zunächst gegenüber dem Intendanten und für den Fall, dass der Verstoß nicht behoben wird, beim Verwaltungsrat. Bei Fällen von geringerer Bedeutung kann der Datenschutzbeauftragte nach § 41 Abs. 6 NDR-StV von einer Beanstandung absehen.

Der Datenschutzbeauftragte hat damit bei der Kontrolle der Daten einen eigenen Entscheidungsspielraum, der seiner unabhängigen Stellung entspricht. Die einfachgesetzlich vorgesehene Kooperation mit dem Intendanten und dem Verwaltungsrat, also mit Gremien innerhalb der Rundfunkanstalt, ist die zutreffende Konsequenz aus der verfassungsrechtlichen Vorgabe der Staatsferne der Rundfunkanstalt. Insgesamt entspricht die derzeitige einfachgesetzliche Ausgestaltung der Stellung des Datenschutzbeauftragten beim NDR in § 41 NDR-StV nahezu mustergültig den beschriebenen verfassungsrechtlichen Vorgaben.

---

[196] Dazu oben unter II. 2. c) Die Autonomie des öffentlich-rechtlichen Rundfunks.
[197] Siehe hierzu oben unter II. 6. Die Konsequenzen für die Stellung des Datenschutzbeauftragten beim NDR.

IV. Die europarechtlichen Vorgaben für die Stellung des Datenschutzbeauftragten beim NDR

1. Die Vorgaben des europäischen Primärrechts

Das Europarecht liefert keine umfassende europäische Medienordnung. Jedoch finden sich einzelne Regelungen, die für die Gestaltung des Medienrechts in Europa durchaus bedeutsam sind.[198] Als europäisches Primärrecht außerhalb der Europäischen Union (EU) bietet die Konvention des Europarates zum Schutz der Menschenrechte und Grundfreiheiten (EMRK) vom 4.11.1950, die die Bundesrepublik Deutschland am 5.12.1952 ratifiziert hat, mit ihrem Art. 10 eine grundlegende Bestimmung für die europäische Rundfunkordnung.[199] Für die Europäische Gemeinschaft (EG) gestaltet sich die Rechtslage im Rundfunkbereich schwieriger. Wegen des in Art. 5 EG verankerten Prinzips der begrenzten Einzelermächtigung darf die EG nur in den Bereichen gesetzgeberisch tätig werden, in denen sie nach den Gründungsverträgen eine ausdrückliche Kompetenzzuweisung besitzt.[200] Im Bereich des Rundfunks war stets umstritten, ob dieser als Dienstleistung gemäß Art. 49 EG zu qualifizieren und damit der Gesetzgebung durch den europäischen Normgeber unterworfen ist (so der Europäische Gerichtshof (EuGH)), oder als Teil der Kultur in den Kompetenzbereich der Mitgliedstaaten fällt (so die Mitgliedstaaten).[201] Der EuGH hat im Gemeinschaftsrecht, ausgelöst vom So-

---

[198] *Fechner*, Medienrecht, Rdnr. 371.

[199] Vgl. hierzu *Probst*, Art. 10 EMRK – Bedeutung für den Rundfunk in Europa, 78.

[200] *Streinz*, Europarecht, Rdnr. 436.

[201] Der EuGH subsumiert den Rundfunk als Korrespondenzdienstleistung unter die Dienstleistungsfreiheit des Art. 49 EG, vgl. *EuGH* Rsen. C-34/95, C-35/95, C-36/95, De Agostini, Slg. 1997, I-3843. Hierzu differenzierend *Dörr*; Die Rolle des öffentlichrechtlichen Rundfunks in Europa, 25 ff.; *ders.*, EG-Vertrag, EU-Vertrag und Medienordnung; Kompetenztitel und Kompetenzausübungsschranken in bezug auf einen europarechtlichen Ordnungsrahmen, in, *Institut für Europäisches* Medienrecht (Hrsg.), Europäisches Medienrecht – Fernsehen und seine gemeinschaftsrechtliche Regelung, 3, 5 ff.; *Rosenthal*, Die Kompetenz der Europäischen Gemeinschaft für den rechtlichen Rahmen der Informationsgesellschaft, 55 ff.; *Schwarze*, ZUM 2000, 779, 780 ff.

lange-I-Beschluss des Bundesverfassungsgerichts[202], auch einen eigenen Grundrechtsschutz entwickelt. Zudem wurde im Dezember 2000 vom Europäischen Rat in Nizza die Europäische Grundrechtcharta proklamiert, die aber noch nicht in das europäische Vertragswerk Eingang gefunden hat.

a)   Die Europäische Menschenrechtskonvention

Die Europäische Konvention zum Schutz der Menschenrechte und Grundfreiheiten (EMRK) schützt in Art. 8 EMRK das Privat- und Familienleben. Der Datenschutz, der nach der Konzeption des deutschen Bundesverfassungsgerichts personenbezogene Daten unabhängig vom Grad ihrer Vertraulichkeit schützt, wird in der EMRK nicht explizit erwähnt. Die Rundfunkfreiheit gewährleistet hingegen Art. 10 EMRK. Die EMRK ist damit die einzige internationale Übereinkunft zum Schutz der Menschenrechte, die das Recht zur Veranstaltung von Rundfunk statuiert.[203] Der Wortlaut des Art. 10 EMRK ist eng an Art. 19 der Allgemeinen Erklärung der Menschenrechte (AEMR) vom 10.12.1948 angelehnt. Für die Bundesrepublik Deutschland erweist sich die EMRK nicht nur deshalb als wichtig, weil Deutschland die EMRK ratifiziert hat und damit völkerrechtlich an die Konvention gebunden ist.[204] Die Grund- und Menschenrechte der EMRK sind gemäß Art. 6 Abs. 2 EUV auch von der europäischen Gemeinschaft zu beachten und fließen über die Rechtsprechung des EuGH zu den Gemeinschaftsgrundrechten in das EG-Recht mit ein.[205] Die EMRK selbst fällt keine Entscheidung zum Verhältnis zwischen Datenschutz und Rundfunkfreiheit. Die Rundfunkfreiheit nimmt jedoch einen wichtigen Stellenwert in der EMRK sowie in der Auslegung der Konvention durch den

---

[202] *BVerfGE* 37, 271.

[203] *Astheimer*, Rundfunkfreiheit – ein europäisches Grundrecht, 22. Diesen Umstand wird man auf die negativen Erfahrungen mit dem Rundfunk als Propagandainstrument während des 2. Weltkriegs zurückführen können, vgl. *Probst*, Art. 10 EMRK – Bedeutung für den Rundfunk in Europa, 14.

[204] Die EMRK besitzt im deutschen Recht gemäß Art. 59 Abs. 2 GG den Rang eines einfachen Gesetzes. Versuche der Literatur, Verfassungsrang für die EMRK zu begründen, haben sich nicht durchgesetzt, vgl. *Kirchhof*, EuGRZ 1994, 16, 26.

[205] Hierzu unten b) Die Gemeinschaftsgrundrechte.

Europäischen Gerichtshof für Menschenrechte (EGMR) ein.[206] Auch nach der EMRK besitzt die Rundfunkfreiheit daher besondere Bedeutung für eine funktionierende Demokratie. Indem der EGMR darauf hinweist, dass die Sicherung von Meinungspluralismus im Rundfunk für eine funktionierende Demokratie westeuropäischer Art unverzichtbar ist, begegnet er dogmatisch dem Konzept der Rechtsprechung des Bundesverfassungsgerichts zur Rundfunkfreiheit.[207]

Zum Datenschutz als relativ jungem Grundrecht hat der Europarat eine spezielle Konvention verabschiedet, das Übereinkommen zum Schutz der Menschen bei automatischer Verarbeitung personenbezogener Daten vom 28.1.1981.[208] Die Konvention verpflichtet die Signatarstaaten, die in den Art. 5 bis 11 niedergelegten Grundsätze als gemeinsames datenschutzrechtliches Minimum (common core/noyau dur/harter Kern) zu verwirklichen. Die Konvention selbst trifft aber keine entsprechende Anordnung.[209] Die Unterzeichnerstaaten haben die völkerrechtliche Pflicht, diese Regelungen in nationales Recht umzusetzen.

b) Die Gemeinschaftsgrundrechte

Die Gemeinschaftsverträge enthalten keinen eigenen Grundrechtskatalog wie nationale Verfassungen.[210] Der EuGH hat daher in Anlehnung an die Verfassungen der Mitgliedstaaten und die EMRK in ständiger Rechtsprechung eigene Gemeinschaftsgrundrechte entwickelt.[211] Zwar fehlt eine eingehende Be-

---

[206] Zur Rechtsprechung des EGMR zu Art. 10 EMRK vgl. *Dörr*, Die Spartenkanäle von ARD/ZDF und das Europarecht, 28 ff.

[207] Vgl. *Dörr*, Auf dem Weg zur europäischen Informationsgesellschaft ?, in, *Dörr/Dreher* (Hrsg.), Europa als Rechtsgemeinschaft, 73, 85.

[208] Abgedruckt bei *Simitis/Damann/Mallmann/Reh*, Dokumentation zum Bundesdatenschutzgesetz, D 3.3.

[209] *Burkert*, CR 1988, 751, 753.

[210] Für die Ausarbeitung eines Grundrechtskataloges der EU *Langguth*, EuZW 1991, 393.

[211] Ausgangspunkt war die Rs. 29/69, Stauder/Stadt Ulm, Slg. 1969, 419, 425. In diesem Urteil zeigt sich bereits ansatzweise die Dogmatik des EuGH, wonach die allgemeinen Rechtsgrundsätze vom EuGH zu wahren sind und dementsprechend auch die Grundrechte als Untergruppe der allgemeinen Rechtsgrundsätze, vgl. hierzu *Lenz*, EuGRZ

gründung des EuGH zu der Frage, weshalb er die Kompetenz zur Entwicklung von Gemeinschaftsgrundrechten in Anspruch nimmt. Dies ist deshalb erstaunlich, weil sich die Kompetenz des EuGH wegen des Prinzips der begrenzten Einzelermächtigung aus den Verträgen ableiten lassen muss. Der Gerichtshof geht jedoch von einer ihm obliegenden Pflicht zur Entwicklung und Anwendung von Gemeinschaftsgrundrechten aus, da er sich sonst den Vorwurf der Rechtsverweigerung („déni de justice") zuziehen würde.[212] Zudem verweist der EuGH – angestoßen von der Solange-I-Entscheidung des BVerfG – darauf, dass ohne Grundrechte auf Gemeinschaftsebene der Rechtsschutz in den nationalen Verfassungen gesucht würde, wodurch die Einheitlichkeit des Gemeinschaftsrechts gefährdet wäre.[213] Die Kompetenz des Gerichtshofes kann jedoch auf Art. 220 EG gestützt werden, der dem EuGH die Wahrung des Rechts bei der Auslegung und Anwendung des EG zuspricht.[214] Mit „Recht" wird dabei auf die Gerechtigkeitsidee der europäischen Verfassungskultur verwiesen, die eng mit den Grundrechten als Rechtsidee verwoben ist.[215] Als Rechtserkenntnisquellen zur Entwicklung und Konkretisierung der Gemeinschaftsgrundrechte im Wege des Rechtsvergleichs verwendet der EuGH die nationalen Verfassungen der Mitgliedstaaten und die EMRK.[216]

1993, 585, 586. Einen Überblick über die Entwicklung der einzelnen Gemeinschaftsgrundrechte durch den EuGH bietet *Schweitzer/Hummer*, Europarecht, Rdnr. 792 ff.

[212] So der EuGH in Rs. 7/56 und 3-7/57, Algera u.a./Gemeinsame Versammlung der EGKS, Slg. 1957, 83, 118.

[213] EuGH Rs. 11/70, Internationale Handelsgesellschaft/Einfuhr- und Vorratsstelle, Slg. 1970, 1125, 1135. Die Gemeinschaftsorgane haben die Kompetenz des EuGH zur Entwicklung von Gemeinschaftsgrundrechten in einer gemeinsamen Erklärung zum Grundrechtsschutz vom 5.4.1977 ausdrücklich anerkannt, was nach Art. 31 Abs. 3 b WVK als spätere Übung bei der Anwendung des Vertrages gewertet werden kann, vgl. BVerfGE 73, 339, 383 f. Die Erklärung zum Grundrechtsschutz ist abgedruckt bei *Beutler/Bieber/Pipkorn/Streil*, Das Recht der Europäischen Union, Loseblatt, Nr. II.1.7. Dazu auch *Schweitzer/Hummer*, Europarecht, Rdnr. 807 ff.

[214] Vgl. *Streinz*, Europarecht, Rdnr. 356.

[215] *Pernice*, in: *Grabitz/Hilf*, Art. 164 Rdnr. 7.

[216] Vgl. EuGH Rs. 46/87, Hoechst, Slg. 1989, 2859; hierzu *Ress/Ukrow*, EuZW 1990, 501; Streinz, Europarecht, Rdnr. 361.

Die Achtung der Privatsphäre[217] hat der EuGH zwar ebenso wie die Achtung des Familienlebens[218] als Einzelgrundrecht anerkannt. Ein Recht auf informationelle Selbstbestimmung oder auf Datenschutz hat der EuGH aber bisher nicht als Gemeinschaftsgrundrecht statuiert. Die Meinungs- und Veröffentlichungsfreiheit wurde vom EuGH als Grundrecht der Gemeinschaft erwähnt.[219] Art. 10 EMRK hat der EuGH in einer Entscheidung sogar als ein „von der Gemeinschaftsrechtsordnung geschütztes Grundrecht" bezeichnet.[220] Dabei zieht der EuGH Art. 10 EMRK meist im Rahmen der Prüfung des Rechtfertigungsgrundes heran.[221] Es ist daher davon auszugehen, dass der EuGH die Rundfunkfreiheit als Gemeinschaftsgrundrecht implizit anerkannt hat. Ein Vorrang der Rundfunkfreiheit gegenüber dem Recht auf Datenschutz auf europäischer Ebene kann hieraus allerdings wegen des unvollständigen Katalogs an Grundrechten, den der EuGH in seiner bisherigen Rechtsprechung entwickelt hat, nicht abgeleitet werden.

c)   **Die EU-Charta der Grundrechte**

Das Projekt zur Schaffung eines eigenen, geschriebenen Grundrechtskatalogs der Union wurde auf den Tagungen des Europäischen Rates vom 3./4.6.1999 in Köln und vom 15./16.10.1999 in Tampere initiiert.[222] Unter Vorsitz des ehemaligen deutschen Bundespräsidenten Herzog erarbeitete ein Konvent von 62 Beauftragten der Staats- und Regierungschefs auf der Basis der EMRK und ihrer Zusatzprotokolle, der Europäischen Sozialcharta, der Gemeinschaftscharta der Sozialen Grundrechte und den Bestimmungen des EG zur

---

[217] EuGH Rs. 136/79, National Panasonic/Kommission, Slg. 1980, 2033, 2056; Rs. C – 62/90, Kommission/Bundesrepublik Deutschland, Slg. 1992, I, 2575.

[218] EuGH Rs. 249/86, Kommission/Bundesrepublik Deutschland, Slg. 1989, 1263, 1290.

[219] EuGH Rs. 43 und 63/82, VBVB und VBBB/Kommission, Slg. 1984, 19, 62.

[220] EuGH Rs. C-353/89, Kommission /Niederlande, Slg. 1991, I-4069, 4097.

[221] Vgl. EuGH Rs. 60 und 61/84, Cinéthèque, Slg. 1985, 2605; Rs. 260/89, ERT, Slg. 1991, I-2925.

[222] Zur Entstehungsgeschichte der Grundrechtscharta vgl. *Leinen*, Einführung: Bedeutung und historische Entwicklung der Charta, in, *Institut für Europäisches Medienrecht* (Hrsg.), Nizza, die Grundrechte-Charta und ihre Bedeutung für die Medien in Europa, 15.

Unionsbürgerschaft, zu den Grundfreiheiten und zum Sozialrecht eine Grundrechtscharta für die EU.[223] Der Europäische Rat hat die Grundrechtscharta auf
dem Gipfel vom 7.-9.12.2000 in Nizza begrüßt.[224] Die Frage nach der Rechtsverbindlichkeit der Charta, die nur nach Art.48 EUV herbeigeführt werden
kann, wurde allerdings verschoben.[225] Es bleibt daher zunächst abzuwarten,
inwieweit der EuGH die Grundrechtscharta in seiner Rechtsprechung aufgrei-
fen wird.[226]

Art.7 der EU-Charta der Grundrechte schützt in enger Anlehnung an Art. 8
EMRK die Achtung des Privat- und Familienlebens. In Art. 8 der EU-Charta
der Grundrechte wird zudem der Schutz personenbezogener Daten explizit
gewährleistet. Dieser Artikel stützt sich auf Art. 286 EG, auf die Richtlinie
95/46/EG zum Schutz natürlicher Personen bei der Verarbeitung personenbezogener Daten und zum freien Datenverkehr sowie auf Art. 8 EMRK und das
Übereinkommen des Europarates zum Schutz des Menschen bei der automati-
schen Verarbeitung personenbezogener Daten.[227] Das Recht auf Datenschutz
hat damit ausdrücklich Eingang in die EU-Charta der Grundrechte gefunden.
Auch die Rundfunkfreiheit ist in der Grundrechtscharta verankert. Art. 11 der
EU-Charta der Grundrechte entspricht dabei einem Teil des Wortlauts von
Art. 10 EMRK. Nach Art. 52 Abs. 3 der Grundrechtscharta hat die in Art. 11
der Charta statuierte Rundfunkfreiheit auch die gleiche Tragweite wie die
Rundfunkfreiheit der EMRK.[228] Damit ergibt sich in der EU-Charta der
Grundrechte mit der Garantie der Rundfunkfreiheit einerseits und dem Recht
auf Schutz der personenbezogenen Daten andererseits vom Ergebnis her die

---

[223] Der Text ist abgedruckt in Sonderbeilagen 2001 zu NJW, EuZW, NVwZ und JuS; mit
Kommentar in EuGRZ 2001, 554, 559.

[224] Hierzu den Auszug aus der Schlussfolgerung des Vorsitzes Europäischer Rat in Nizza,
abgedruckt bei *Fischer*, Der Vertrag von Nizza, 62 f.

[225] *Streinz*, Europarecht, Rdnr. 358a.

[226] Generalanwalt Alber hat in seinen Schlussanträgen vom 1.2.2001 zu Rs. C-340/99,
TNT Traco/Poste Italiane, Rdnr. 94 auf die Charta Bezug genommen.

[227] Vgl. hierzu die Erläuterung in *Fischer*, Der Vertrag von Nizza, 521.

[228] Zur Entwicklung der Medienfreiheit im Grundrechtskonvent ausführlich *Stock*, Medienfreiheit in der EU-Grundrechtscharta: Art. 10 EMRK ergänzen und modernisieren !, 65 ff.

gleiche grundrechtliche Konfliktlage wie im deutschen Verfassungsrecht. Dieser Konflikt ist im Moment noch nicht von entscheidender Bedeutung, da die Charta bisher noch keine Rechtsverbindlichkeit besitzt. Eine Auslegung der Charta durch den EuGH im Sinne einer Abwägung zugunsten des Datenschutzes oder zugunsten der Rundfunkfreiheit hat dementsprechend noch nicht stattgefunden. Aus der EU-Charta der Grundrechte kann daher keine eindeutige Aussage zum grundrechtlichen Konflikt zwischen Datenschutz und Rundfunkfreiheit auf europäischer Ebene abgeleitet werden.

2. Die EG-Datenschutzrichtlinie

a) Die Richtlinie und ihre Umsetzung

Ein wichtiges Ziel der Europäischen Gemeinschaft ist nach Art. 2 EG die Schaffung eines Gemeinsamen Marktes der beteiligten Mitgliedstaaten. Der Gemeinsame Markt umfasst dabei die Beseitigung aller Hemmnisse im inner-gemeinschaftlichen Handel mit dem Ziel der Verschmelzung der nationalen Märkte zu einem einheitlichen Markt.[229] Wichtiges Element bei der Verwirklichung des Gemeinsamen Marktes ist die freie Zirkulation von Waren, Arbeitskräften, Kapital und Dienstleistungen innerhalb der Gemeinschaft. Diese grundlegende Idee der Europäischen Gemeinschaft spricht für einen ungehinderten Datenaustausch innerhalb der Gemeinschaft. Um den freien Datenverkehr im Gemeinsamen Markt sicherzustellen und durch die verschiedenen Datenschutzsysteme hervorgerufene Wettbewerbsverzerrungen[230] in Zukunft zu vermeiden, war es erforderlich, eine EG-Richtlinie zum Datenschutz zu erlassen.[231] Eine spezielle Kompetenz zum Datenschutz enthält der EG-

---

[229] EuGH Rs. 15/81, Gaston Schul, Slg. 1982, 1409; Rs. C-41/93, Kommission/Frankreich, Slg. 1994, I-1829. Zum Verhältnis zwischen Gemeinsamem Markt und Binnenmarkt *Hatje*, in: *Schwarze*, EU-Kommentar, Art. 2 EG Rdnr. 27 f.

[230] Hierzu *Wurst*, JuS 1991, 448.

[231] Zudem sichert die Verordnung Nr. 45/2001 vom 18.12.2000 zum Schutz natürlicher Personen bei der Verarbeitung personenbezogener Daten durch die Organe und Einrichtungen der Gemeinschaft und zum freien Datenverkehr den Schutz der Daten von EU-Bürgern gegenüber europäischen Institutionen.

Vertrag zwar nicht.[232] Art. 95 EG verpflichtet die Gemeinschaft aber, Maßnahmen zu erlassen, um die Errichtung und das reibungslose Funktionieren des Binnenmarktes sicherzustellen. Gemäß Art. 94 EG kann der Rat zudem für die Angleichung der Rechts- und Verwaltungsvorschriften im Wege der Verordnung oder der Richtlinie sorgen. In der EG-Datenschutzrichtlinie selbst wird festgestellt, dass der Schutz der Grundrechte von Personen ein Erfordernis des Binnenmarktes gemäß Art. 14 EG darstelle.[233] Die Richtlinie zielt zudem darauf ab, ein einheitliches hohes Schutzniveau in den Mitgliedstaaten der EU zu gewährleisten.[234] Die Kompetenz zum Erlass der Datenschutzrichtlinie kann daher sowohl auf Art. 95 EG als auch auf Art. 94 EG gestützt werden.

1990 legte die Kommission einen Entwurf für ein EG-Datenschutzpaket vor, der auch den Vorschlag der Kommission für eine Richtlinie des Rates zum Schutz von Personen bei der Verarbeitung personenbezogener Daten enthielt. Als Reaktion auf Änderungsanträge des Europäischen Parlaments vom 11.3.1992 sowie die Stellungnahme des Wirtschafts- und Sozialausschusses vom 24.4.1991 präsentierte die Kommission einen geänderten Vorschlag. Der Ministerrat einigte sich am 20.2.1995 auf einen gemeinsamen Standpunkt. Die Richtlinie 95/46/EG zum Schutz natürlicher Personen bei der Verarbeitung personenbezogener Daten und zum freien Datenverkehr wurde schließlich am 24.10.1995 vom Rat verabschiedet. Inhaltlich ist die Datenschutzrichtlinie vom französischen und vom deutschen Datenschutzgesetz sowie von der Datenschutzkonvention des Europarates geprägt.[235]

Gemäß Art. 249 Abs. 3 EG ist die Richtlinie für jeden Mitgliedstaat, an den sie gerichtet ist, hinsichtlich des zu erreichenden Zieles verbindlich. Sie besitzt keine unmittelbare Geltung in den einzelnen Mitgliedstaaten, sondern ist

---

[232] *Brühann*, in: *Grabitz/Hilf*, Das Recht der Europäischen Union, Kommentar, Band III, Vorbemerkung A 30 Rdnr. 35.

[233] Erwägung 3.

[234] Erwägung 10 am Ende.

[235] *Tinnefeld*, DuD 1995, 18, 19.

von den Mitgliedstaaten noch in nationales Recht umzusetzen.[236] Die EG-Datenschutzrichtlinie muss nach Art. 10 EG iVm. dem Grundsatz des „effet utile" vollständig umgesetzt werden. Die Wahl der Mittel zur Erreichung der Ziele der Richtlinie überlässt das Europarecht den einzelnen Mitgliedstaaten. Die Mitgliedstaaten sind aber verpflichtet, diejenigen Mittel zur Umsetzung zu ergreifen, die für die Gewährleistung des „effet utile", der praktischen Wirksamkeit, am besten geeignet sind.[237] Die Ziele der Richtlinie müssen dabei innerstaatlich volle Geltung erhalten.[238] Wird eine Richtlinie innerhalb der vorgegebenen Frist nicht oder nur unvollständig umgesetzt, so macht sich der betreffende Mitgliedstaat unter bestimmten Voraussetzungen schadensersatzpflichtig.[239] Zudem kann die Europäische Kommission oder ein anderer Mitgliedstaat im Fall der Fristüberschreitung ein Vertragsverletzungsverfahren nach Art. 226 bzw. Art. 227 EG gegen den säumigen Mitgliedstaat einleiten. Bei der Umsetzung der Richtlinie sind aber auch die Vorgaben des nationalen Rechts, insbesondere des nationalen Verfassungsrechts zu beachten: Die Richtlinie ist in verfassungskonformes nationales Recht umzusetzen. Insbesondere darf das föderale System in Deutschland nicht außer Acht gelassen werden. Rundfunk ist wie gezeigt Ländersache.[240] An dieser innerstaatlichen Kompetenzaufteilung ändert auch die europarechtliche Verpflichtung zur Umsetzung der Datenschutzrichtlinie nichts. Vielmehr gilt es bei der Umsetzung der Richtlinie die Vorgaben des Grundgesetzes zu beachten. Im Bereich des Datenschutzes im Rundfunk müssen daher – mit Ausnahme der Deutschen Welle – die Bundesländer Regelungen zur Umsetzung der Datenschutz-

---

[236] Ausnahmsweise können Richtlinien unter bestimmten Umständen auch unmittelbare Wirkung entfalten, vgl. EuGH Rs. 9/70, Grad/Finanzamt Traunstein, Slg. 1970, 825, 837 ff. Strittig ist allerdings die „horizontale Wirkung von Richtlinien", vgl. hierzu *Streinz*, Europarecht, Rdnr. 399 ff. Zur unmittelbaren Anwendung der EG-Datenschutzrichtlinie *Haslach*, DuD 1998, 693; *Trosch*, DuD 1998, 724.

[237] *EuGH* Rs. 48/75, Royer, Slg. 1976, 497, 516.

[238] *Pernice*, EuR 1994, 325, 329.

[239] So der *EuGH* in ständiger Rechtsprechung seit Rs. C-6/90 und C-9/90, Francovich u.a./Italien, Slg. 1991, I-5357, wo der Gerichtshof die Voraussetzungen für die Haftung eines Mitgliedstaates erörtert (Rdnr. 39 ff.). Siehe auch *Herdegen*, Europarecht, 182 f.

[240] Vgl. unter II. 5. Die Gesetzgebungskompetenzen.

richtlinie erlassen. Eine Zentralisierung des gesamten Datenschutzes beim Bund ist nicht möglich, da so die Gesetzgebungskompetenz der Länder im Rundfunk umgangen würde. Das deutsche BDSG wurde zwecks Umsetzung der von der Richtlinie vorgegebenen Ziele auf Bundesebene im Mai 2001 novelliert. Wie bereits angesprochen, steht jedoch eine zweite Stufe der Novellierung des BDSG zwecks *Modernisierung* und *Vereinfachung* des Datenschutzrechts an. Auch auf Landesebene sind weitere Regelungen zur Umsetzung der Richtlinie zu erwarten.

Für die Stellung des Datenschutzbeauftragten beim Rundfunk erweisen sich insbesondere die Art. 28, 29 und 9 der Datenschutzrichtlinie als bedeutsam. Bei einer weiteren Umsetzung der Richtlinie in deutsches Recht könnten sich aus diesen Bestimmungen der Richtlinie durchaus Auswirkungen auf die Stellung des Datenschutzbeauftragten beim Rundfunk ergeben. Da die Kompetenz zur Regelung des Datenschutzes im Rundfunk wie gezeigt bei den Ländern liegt[241], ist für eine Umsetzung der Richtlinie in diesem Bereich der jeweilige Landesgesetzgeber zuständig. Die Richtlinie verlangt insgesamt einen Datenschutz von hohem Niveau. So sind beispielsweise von den Mitgliedstaaten für den von einer Datenverarbeitung Betroffenen ein Informationsanspruch nach Art. 10, ein Auskunftsrecht nach Art. 12, ein Widerspruchsrecht nach Art. 14 sowie eine Rechtsbehelfsmöglichkeit nach Art. 22 der Richtlinie vorzusehen. Zudem verlangt Art. 28 der Richtlinie von den Mitgliedstaaten die Einrichtung einer Kontrollstelle, die die Anwendung der zur Umsetzung der Richtlinie erlassenen Vorschriften überwacht. Dabei könnte das hohe Datenschutzniveau, das die Richtlinie für die Mitgliedstaaten verbindlich vorschreibt, insgesamt zu einer Einschränkung des Medienprivilegs führen. Im vorliegenden Zusammenhang sollen aber nicht alle Auswirkungen der Richtlinie auf das Medienprivileg des deutschen Rechts diskutiert werden.[242] Viel-

---

[241] Dazu oben unter II. 5. Die Gesetzgebungskompetenzen.

[242] Inwieweit beispielsweise Ansprüche des von einer Datenverarbeitung Betroffenen nach deutschem Zivilrecht den Erfordernissen der Art. 10, 12 und 14 der Datenschutzrichtlinie genügen, ist zwar ein interessantes Problem. Für die hier zu untersuchende Frage nach der Funktion und der Stellung des Rundfunkdatenschutzbeauftragten ist die Thematik der zivilrechtlichen Ansprüche aber nicht von Bedeutung.

mehr gilt es allein zu untersuchen, inwieweit die vom Medienprivileg geprägte Stellung des Datenschutzbeauftragten beim Rundfunk von Vorgaben der Datenschutzrichtlinie betroffen ist[243] und inwieweit Ausnahmen von Erfordernissen der Richtlinie nach Art. 9 zulässig sind.[244] Die Notwendigkeit von Änderungen bezüglich der Stellung des Datenschutzbeauftragten beim Rundfunk durch den jeweiligen Landesgesetzgeber könnte sich zunächst aus Art. 28 und Art. 29 der Richtlinie ergeben.

b)   Art. 28: Die Kontrollstelle

Art. 28 der EG-Datenschutzrichtlinie lautet:

Art. 28. Kontrollstelle

(1) Die Mitgliedstaaten sehen vor, dass eine oder mehrere öffentliche Stellen beauftragt werden, die Anwendung der von den Mitgliedstaaten zur Umsetzung dieser Richtlinie erlassenen einzelstaatlichen Vorschriften in ihrem Hoheitsgebiet zu überwachen. Diese Stellen nehmen die ihnen zugewiesenen Aufgaben in völliger Unabhängigkeit wahr.

(2) Die Mitgliedstaaten sehen vor, dass die Kontrollstellen bei der Ausarbeitung von Rechtsverordnungen oder Verwaltungsvorschriften bezüglich des Schutzes der Rechte und Freiheiten von Personen bei der Verarbeitung personenbezogener Daten angehört werden.

(3) Jede Kontrollstelle verfügt insbesondere über:

- Untersuchungsbefugnisse, wie das Recht auf Zugang zu Daten, die Gegenstand von Verarbeitungen sind, und das Recht auf Einholung aller für die Erfüllung ihres Kontrollauftrags erforderlichen Informationen;
- wirksame Einwirkungsbefugnisse, wie beispielsweise die Möglichkeit, im Einklang mit Artikel 20 vor der Durchführung der Verarbeitungen Stellungnahmen abzugeben und für eine geeignete Veröffentlichung der Stellungnahmen zu sorgen, oder die Befugnis, die Sperrung, Löschung oder Vernichtung von Daten oder das vorläufige oder endgültige Verbot einer Verarbeitung anzuordnen, oder die Befugnis, eine Verwarnung oder eine Ermahnung an den für die Verarbeitung Verantwortlichen zu richten oder die Parlamente oder andere politische Institutionen zu befassen;

---

[243]   Hierzu unter b) Art. 28: Die Kontrollstelle und c) Art. 29: Die Datenschutzgruppe.
[244]   Vgl. unter d) Art. 9: Datenverarbeitung und Meinungsfreiheit.

- das Klagerecht oder eine Anzeigebefugnis bei Verstößen gegen die einzelstaatlichen Vorschriften zur Umsetzung dieser Richtlinie. Gegen beschwerende Entscheidungen der Kontrollstelle steht der Rechtsweg offen.

(4) - (7) [...]

Die Mitgliedstaaten sind nach Art. 28 somit verpflichtet, eine Kontrollstelle einzurichten. Hierbei erscheinen theoretisch zwei Möglichkeiten denkbar: Entweder wird eine staatliche Behörde mit der Kontrolle beauftragt. Dies wäre allerdings wegen der verfassungsrechtlich gebotenen Staatsferne des öffentlich-rechtlichen Rundfunks verfassungsrechtlich unzulässig.[245] Gleiches gilt für eine nachträgliche Kontrolle des Rundfunkdatenschutzbeauftragten durch eine den Vorgaben des Art. 28 entsprechende behördliche Kontrollstelle. Die andere Möglichkeit wäre eine Übertragung der Kontrollbefugnisse nach Art. 28 auf den Datenschutzbeauftragten der jeweiligen Rundfunkanstalt, so dass der Rundfunkdatenschutzbeauftragte als Kontrollstelle nach Art. 28 der Richtlinie fungieren könnte. Dann stellt sich allerdings die Frage, inwieweit die Stellung des Datenschutzbeauftragten beim Rundfunk verändert werden muss, damit der Datenschutzbeauftragte beim Rundfunk als Kontrollstelle den von Art. 28 der Richtlinie aufgestellten Erfordernissen genügt.

Nach Art. 28 Abs. 1 der Richtlinie nimmt die Kontrollstelle ihre Aufgaben „in völliger Unabhängigkeit" (complete independence/toute indépendance) war. Was unter völliger Unabhängigkeit genau zu verstehen ist, darüber gehen die Meinungen auseinander.[246] Nach einer Ansicht meint Unabhängigkeit nach Art. 28 der Richtlinie allein Unabhängigkeit von den zu Überprüfenden, während es auf eine institutionelle Unabhängigkeit nicht ankommen soll.[247] Entscheidend sei vielmehr die funktionelle Unabhängigkeit der Kontrollstelle nach Art. 28.[248] Nach anderer Ansicht kann eine weisungsgebundene Stelle in

---

[245] Vgl. oben unter II. 2. c) Die Autonomie des öffentlich-rechtlichen Rundfunks.

[246] Hierzu insbesondere die Darstellung der Meinungen bei *Haslach*, DuD 1999, 466, 467 ff.

[247] So *Leppert/Wilde*, CR 1997, 703.

[248] *Kopp*, DuD 1995, 204, 211.

keinem Fall „völlig unabhängig" sein.[249] Jede Form der Fach-, Dienst- oder Rechtsaufsicht ist danach unzulässig, die Kontrollstelle muss eine der richterlichen Unabhängigkeit vergleichbare Position innehaben.[250] Die weitgehendste Ansicht verlangt kumulativ eine institutionelle Unabhängigkeit, also keine Zuordnung der Stelle zu einer der drei Staatsgewalten, eine funktionelle Unabhängigkeit, also Weisungsfreiheit, sowie eine materielle Unabhängigkeit der Kontrollstelle, die sich in einer finanziellen Selbstverwaltung konkretisiert.[251] Der Datenschutzbeauftragte beim Rundfunk ist nicht weisungsgebunden[252] und in seiner Stellung als Rundfunkdatenschutzbeauftragter auch funktional unabhängig. Auch beim Rundfunkdatenschutzbeauftragten wird von einer richterähnlichen Stellung gesprochen.[253] Er ist keiner der drei Gewalten zuzuordnen und muss über eine eigenen finanzielle Ausstattung verfügen. Die von Art. 28 geforderte völlige Unabhängigkeit der Kontrollstelle ist beim Rundfunkdatenschutzbeauftragten somit in jedem Fall gewährleistet, da bereits aus verfassungsrechtlichen Gründen die Unabhängigkeit seiner Stellung gewährleistet sein muss und das einfache Recht dies auch durchweg vorsieht.[254] Insofern besteht daher bezüglich der von Art. 28 Abs. 1 verlangten Unabhängigkeit für die Stellung des Datenschutzbeauftragten beim Rundfunk kein Änderungsbedarf aufgrund der Richtlinie.

Der Kontrollstelle müssten zudem nach Art. 28 Abs. 3 Alt. 1 der Richtlinie Untersuchungsbefugnisse wie das Recht auf Zugang zu Daten und das Recht auf Einholung aller für die Erfüllung ihres Kontrollauftrags erforderlichen Informationen zustehen. Da der Datenschutzbeauftragte beim NDR gemäß § 41 Abs. 3 Satz 5 Nr. 1 NDR-StV ein Recht auf Auskunft sowie auf Einsicht in alle Unterlagen und Akten in Zusammenhang mit der Verarbeitung perso-

---

[249] *Haslach*, DuD 1999, 466, 469.

[250] *Ehmann/Helfrich*, EG-Datenschutzrichtlinie, Art. 28 Rdnr. 6.

[251] *Ehmann/Helfrich*, EG-Datenschutzrichtlinie, Art. 28 Rdnr. 4 f.

[252] Hierzu unter II. 6. Die Konsequenzen für die Stellung des Datenschutzbeauftragten beim NDR.

[253] Siehe unter II. 6. Die Konsequenzen für die Stellung des Datenschutzbeauftragten beim NDR.

[254] Siehe nur beispielsweise § 41 Abs. 2 Satz 2 NDR-StV.

nenbezogener Daten besitzt, hat er die von Art. 28 geforderten Untersuchungsbefugnisse bereits inne. Ferner müsste der Datenschutzbeauftragte beim Rundfunk als Kontrollstelle nach Art. 28 auch wirksame Einwirkungsbefugnisse gemäß Art. 28 Abs. 3 Alt. 2 besitzen. Die von Art. 28 vorgeschlagene Möglichkeit der Kontrollstelle zur Stellungnahme bei Verstößen gegen Datenschutzbestimmungen finden für den Datenschutzbeauftragten beim NDR ihre Entsprechung in seinem Beanstandungsrecht gemäß § 41 Abs. 5-7 NDR-StV. Dieses Beanstandungsrecht des Rundfunkdatenschutzbeauftragten umfasst auch die von Art. 28 Abs. 3 Alt. 2 vorgesehene Befugnis, eine Ermahnung an den für eine unzulässige Datenverarbeitung Verantwortlichen zu richten. Als unproblematisch erweist sich auch die Pflicht der Kontrollstelle, regelmäßig einen Bericht vorzulegen, der veröffentlicht wird. Der Datenschutzbeauftragte beim NDR erstattet gemäß § 41 Abs. 9 NDR-StV dem Verwaltungsrat jährlich einen Tätigkeitsbericht. Eine Veröffentlichung des Berichts des Datenschutzbeauftragten beispielsweise auf den Internetseiten des NDR würde dem Gebot des Art. 28 Abs. 5 der Richtlinie bereits genügen.

Zweifelhaft erscheint aber, ob die Kompetenzen des Datenschutzbeauftragten beim Rundfunk ausreichend sind angesichts der gemäß Art. 28 Abs. 3 Alt. 2 vorzusehenden Befugnis der Kontrollstelle, die Sperrung, Löschung oder Vernichtung von Daten oder das vorläufige oder endgültige Verbot einer Verarbeitung anzuordnen. Der Rundfunkdatenschutzbeauftragte beim NDR hat bei Verstößen gegen das Datenschutzrecht oder sonstigen Mängeln bei der Verarbeitung personenbezogener Daten ein Beanstandungsrecht gegenüber dem Intendanten und dem Verwaltungsrat. Darüber hinaus kann er nach § 41 Abs. 7 NDR-StV Vorschläge zur Beseitigung der Mängel und zu sonstigen Verbesserungen des Datenschutzes machen. Er hat jedoch nicht die Befugnis, die Sperrung oder Vernichtung von Daten anzuordnen oder ein Verarbeitungsverbot zu verhängen. In diesem Bereich müsste der einfache Gesetzgeber die Rechtsstellung des Datenschutzbeauftragten beim Rundfunk daher zur vollständigen Umsetzung der Richtlinie stark erweitern. Eine umfassende Kontrolle der Daten der Rundfunkanstalt erweist sich aber auch wenn die Kontrolle durch den anstaltseigenen Datenschutzbeauftragten erfolgt als problematisch hinsichtlich der von Art. 5 I 2 GG geforderten Staatsferne des öffentlich-rechtlichen Rundfunks. Eine Verbesserung der Rechtsstellung des

Datenschutzbeauftragten beim Rundfunk muss in jedem Fall die Erfordernisse der Rundfunkfreiheit beachten. Nach der Idee des Grundrechtsschutzes Durch Verfahren dürfen die danach erforderlichen Freiräume für den öffentlich-rechtlichen Rundfunk nicht durch einen Datenschutzbeauftragten mit umfassenden Eingriffsbefugnissen ausgehöhlt werden: Das Verfahren muss effektiven der Sicherung der Rundfunkfreiheit in der Praxis dienen und darf diese nicht beschränken. Für den Bereich der journalistisch-redaktionellen Daten, bei dem der Kern der Rundfunkfreiheit, nämlich die Programmfreiheit betroffen ist, darf der anstaltseigene Datenschutzbeauftragte daher keine umfassenden Befugnisse im Sinne des Art. 28 erhalten. Eine Ausnahme ermöglicht in diesem Bereich Art. 9 der Richtlinie, wie noch zu zeigen sein wird.[255] In jedem Fall muss bei einer Ausweitung der Befugnisse des Datenschutzbeauftragten der Rundfunkanstalt auch die Möglichkeit zu rechtlichen Schritten gegen die belastenden Entscheidungen des Datenschutzbeauftragten bestehen, wie dies Art. 28 Abs. 3 Alt. 3 folgerichtig vorsieht. Beschwerende Entscheidungen des Datenschutzbeauftragten beim Rundfunk müssen sowohl nach der Datenschutzrichtlinie als auch nach Art. 19 Abs. 4 Grundgesetz mit Rechtsmitteln angegriffen werden können.[256]

c) Art. 29: Die Datenschutzgruppe

Art. 29 der EG-Datenschutzrichtlinie lautet:

Art. 29. Datenschutzgruppe

(1) Es wird eine Gruppe für den Schutz von Personen bei der Verarbeitung personenbezogener Daten eingesetzt (nachstehend "Gruppe" genannt). Die Gruppe ist unabhängig und hat beratende Funktion.

(2) Die Gruppe besteht aus je einem Vertreter der von den einzelnen Mitgliedstaaten bestimmten Kontrollstellen und einem Vertreter der Stelle bzw. der Stellen, die für die Institutionen und Organe der Gemeinschaft eingerichtet sind, sowie einem Vertreter der Kommission. Jedes Mitglied der Gruppe wird von der Institution, der Stelle oder den Stellen, die es vertritt, benannt. Hat ein Mitgliedstaat mehrere Kontrollstellen bestimmt, so ernen-

---

[255] Hierzu unter d) Datenverarbeitung und Meinungsfreiheit.
[256] *Giesen*, DuD 1997, 529, 530.

nen diese einen gemeinsamen Vertreter. Gleiches gilt für die Stellen, die für die Institutionen und die Organe der Gemeinschaft eingerichtet sind.

(3) Die Gruppe beschliesst mit der einfachen Mehrheit der Vertreter der Kontrollstellen.

(4) Die Gruppe wählt ihren Vorsitzenden. Die Dauer der Amtszeit des Vorsitzenden beträgt zwei Jahre. Wiederwahl ist möglich.

(5) Die Sekretariatsgeschäfte der Gruppe werden von der Kommission wahrgenommen.

(6) Die Gruppe gibt sich eine Geschäftsordnung.

(7) Die Gruppe prüft die Fragen, die der Vorsitzende von sich aus oder auf Antrag eines Vertreters der Kontrollstellen oder auf Antrag der Kommission auf die Tagesordnung gesetzt hat.

Nach Art. 29 benennen die Mitgliedstaaten einen Vertreter für die Gruppe nach Art. 29, der durch die von den Mitgliedstaaten eingerichtete(n) Kontrollstelle(n) ernannt wird. Geht man einmal davon aus, dass eine Ausnahme von Art. 28 der Richtlinie nach Art. 9 nicht möglich ist und demgemäß der Datenschutzbeauftragte beim Rundfunk als Kontrollstelle fungieren muss, so muss er auch an der Bestellung des deutschen Vertreters für die Gruppe nach Art. 29 zumindest beteiligt werden.[257] Mit der Möglichkeit zur Benennung mehrerer Kontrollbehörden will die EU den Handlungsspielraum von Mitgliedstaaten mit föderaler Struktur erweitern.[258] Die Formulierung von Art. 28 und 29 stellt aber nicht selbst auf die föderale Gliederung ab, so dass die Mitgliedstaaten an einer Einrichtung verschiedener Kontrollstellen aus anderen als fö-

---

[257] So auch die berechtigte Forderung des Beauftragten für den Datenschutz bei der Bayrischen Landeszentrale für Neue Medien, der darauf hinweist, dass sowohl die Rundfunkdatenschutzbeauftragten als auch die Datenschutzbeauftragten der Landesmedienanstalten bei der Ernennung des deutschen Vertreters für die Datenschutzgruppe beteiligt werden müssten, vgl. unter www.blm.de/blm/datenschutz2.htm (Stand April 2002). Siehe auch *Herb*, VBlBW 1999, 171, 172; *ders.*, in: *Flechsig* (Hrsg.), Kommentar zum SWR-Staatsvertrag, § 39 SWR-StV, Rdnr. 18.

[258] So die Begründung zu Art. 30 des geänderten Vorschlags unter a) mit dem ausdrücklichen Hinweis auf Deutschland als Mitgliedstaat mit föderalistischer Struktur.

deralen Erwägungen nicht gehindert sind.[259] Gegen die Übertragung der Kontrollbefugnisse nach Art. 28 auf den Datenschutzbeauftragten beim Rundfunk spricht daher aus europarechtlicher Sicht nichts. Wird der Datenschutzbeauftragte beim NDR aber mit den Kompetenzen einer unabhängigen Kontrollstelle nach Art. 28 ausgestattet, so muss er an der Bestellung des deutschen Vertreters der Gruppe nach Art. 29 beteiligt werden.

d)   Art. 9: Datenverarbeitung und Meinungsfreiheit

Das Problem der Umgestaltung der Rechtsstellung des Datenschutzbeauftragten beim Rundfunk nach den Vorgaben des Art. 28 durch den einfachen (Landes-) Gesetzgeber und die Notwendigkeit der Beteiligung des Rundfunkdatenschutzbeauftragten an der Bestellung des Vertreters nach Art. 29 spielen aber dann keine Rolle, wenn die Mitgliedstaaten gemäß Art. 9 Ausnahmen von den Vorgaben des Art. 28 machen können. Es soll daher zunächst untersucht werden, ob die Mitgliedstaaten gemäß Art. 9 der Datenschutzrichtlinie, wonach Abweichungen von der Erfordernissen der Kapiteln I, IV und VI der Richtlinie zulässig sind, eine Ausnahme von den Erfordernissen des Art. 28 machen können. Hierfür gilt es, die genauen Voraussetzungen für Ausnahmen nach Art. 9 zu untersuchen. Art. 9 der EG-Datenschutzrichtlinie lautet:

Art. 9. Verarbeitung personenbezogener Daten und Meinungsfreiheit

Die Mitgliedstaaten sehen für die Verarbeitung personenbezogener Daten, die allein zu journalistischen, künstlerischen oder literarischen Zwecken erfolgt, Abweichungen und Ausnahmen von diesem Kapitel sowie von den Kapiteln IV und VI nur insofern vor, als sich dies als notwendig erweist, um das Recht auf Privatsphäre mit den für die Freiheit der Meinungsäußerung geltenden Vorschriften in Einklang zu bringen.

Den Konflikt zwischen dem Schutz der Privatsphäre als Ziel der Richtlinie einerseits und der Meinungsfreiheit des Art. 10 EMRK andererseits[260] löst

---

[259] So auch *Damann/Simitis*, EG-Datenschutzrichtlinie, Kommentar, 306, der sich allerdings aus Gesichtspunkten wie Bürgerfreundlichkeit und Effektivität gegen eine Trennung der Datenschutzkontrolle ausspricht.

[260] Vgl. die Begründung zu Art. 9 der Richtlinie, wo die Mitgliedstaaten aufgefordert werden, Ausnahmen von den Bestimmungen der Richtlinie für die Presse und die au-

Art. 9 der Richtlinie nicht zugunsten des einen oder des anderen auf, sondern statuiert ein Abwägungsgebot.[261] Der Wortlaut von Art. 9 der Richtlinie macht bereits deutlich, dass dabei Ausnahmen von Kapitel IV (Übermittlung personenbezogener Daten in Drittländer) und Kapitel VI (Kontrollstelle und Gruppe für den Schutz von Personen bei der Verarbeitung personenbezogener Daten) der Richtlinie nur in sehr engem Rahmen zulässig sind. Dem Ziel der Richtlinie, einen effektiven Datenschutz auf hohem Niveau innerhalb der EG sicherzustellen, kommt Art. 9 mit der strikten Begrenzung der Ausnahmen von datenschutzrechtlichen Bestimmungen somit nach. Für das deutsche Datenschutzrecht im Rundfunkbereich stellt sich nun die Frage, ob die strenge Limitierung datenschutzrechtlicher Ausnahmen durch Art. 9 notwendig zu einer Einschränkung des beschriebenen datenschutzrechtlichen Medienprivilegs[262] als einer bereichsspezifischen Ausnahme von den allgemeinen Datenschutzvorschriften führen muss. So kommt in Zusammenhang mit Art. 9 der EG-Datenschutzrichtlinie die Forderung nach einer Ausweitung des Datenschutzes im Medienbereich auf.[263] Dies erscheint jedoch bedenklich. Verfassungsrechtliche Vorgaben wie die der Staatsferne des Rundfunks dürfen nicht unter Berufung auf die angeblich höhere Effizienz zentraler Datenschutzkontrollen umgangen werden. Der Trend weg vom bereichsspezifischen Datenschutz hin zu einem stärker zentralisierten Datenschutz wird durch die europäische Entwicklung zum einen verstärkt.[264] Zum anderen ist aber gleichzeitig auch der Trend zu bereichsspezifischen Datenschutzregelungen zu erkennen. Nationale verfassungsrechtliche Vorgaben müssen aber in jedem Fall zwingend berücksichtigt werden. Es stellt sich daher die Frage, inwieweit Art. 9 der Richtlinie eine Einschränkung oder gar Abschaffung des verfassungsrechtlichen Medienprivilegs erforderlich macht. Für die Stellung des Daten-

---

diovisuellen Medien vorzusehen, da in diesem Bereich eine *Gefahr des Konflikts zwischen den beiden Kategorien der Grundrechte* bestünde.

[261] *Ehmann/Helfrich*, EG-Datenschutzrichtlinie, Art. 9 Rdnr. 14.

[262] Siehe oben unter II. 3. Rundfunkfreiheit versus Recht auf informationelle Selbstbestimmung.

[263] So z.B. *Weichert*, DuD 1997, 716, 717.

[264] Vgl. hierzu z.B. *Bizer*, DuD 2001, 274, 276, der von Konvergenz im Datenschutzrecht und Datenschutzkontrolle „in einer Hand" spricht.

schutzbeauftragten beim Rundfunk spielt dies eine wichtige Rolle, da sich aus dem verfassungsrechtlich gebotenen Medienprivileg die Notwendigkeit eines eigenen Datenschutzbeauftragten beim Rundfunk und dessen besondere Stellung ergibt.[265]

Der Wortlaut des Art. 9 der Richtlinie verlangt eine genaue Abwägung zwischen Datenschutzgesichtspunkten einerseits und Meinungsfreiheit andererseits. Dabei sind nach Erwägungsgrund 37 der Richtlinie von den Mitgliedstaaten Ausnahmebestimmungen für audiovisuelle Medien zwingend vorzusehen, sofern sie erforderlich sind, um die Grundrechte der Person mit der Freiheit der Meinungsäußerung und der Informationsfreiheit in Einklang zu bringen.[266] Bereichsausnahmen wie etwa das deutsche Medienprivileg sind nicht bereits nach dem Wortlaut des Art. 9 ausgeschlossen. Die Entstehung der Richtlinie zeigt jedoch zumindest, dass die nach Art. 9 zulässigen Ausnahmen eng umgrenzte Fälle sind, die nur zur Lösung einer Grundrechtskollision zugelassen werden können.[267] Die ursprüngliche Formulierung in Art. 9 „soweit sich dies als notwendig erweist" wurde auf Empfehlung des Ausschusses für Recht und Bürgerrechte des Europäischen Parlamentes für die Schlussfassung verengt auf „Ausnahmen nur insoweit, als sich dies als notwendig erweist". Ob hiermit eine rein sprachliche Änderung und damit keine Verengung der Möglichkeiten zu Ausnahmen[268] oder doch eine inhaltliche Änderung vorgenommen werden sollte, ist nicht eindeutig feststellbar. Zumindest muss jede Ausnahme im Einzelfall nach Art und Umfang und unter Berücksichtigung des mit ihr verfolgten Zieles begründet werden.[269]

De facto verweist Art. 9 der Richtlinie aber auf die Mitgliedstaaten, die eine Abwägung vornehmen sollen. Das Ergebnis der Abwägung ist von der Richt-

---

[265] Vgl. hierzu oben unter II. 6. Die Konsequenzen für die Stellung des Datenschutzbeauftragten beim NDR.

[266] Es erscheint daher nicht unproblematisch, dass der deutsche Gesetzgeber bisher keine Ausnahme für Mediendienste vorgesehen hat.

[267] *Ehmann/Helfrich*, EG-Datenschutzrichtlinie, Art. 9 Rdnr. 14.

[268] So *Brühann*, in, *Grabitz/Hilf*, Das Recht der Europäischen Union, A 30, Art. 9 Rdnr. 3.

[269] *Brühann*, in, *Grabitz/Hilf*, Das Recht der Europäischen Union, A 30, Art. 9 Rdnr. 9.

linie nicht vorgegeben und fällt damit in den Umsetzungsspielraum der Mitgliedstaaten. Zwar muss bei der Umsetzung der Richtlinie in nationales Recht beachtet werden, dass das Ziel der Richtlinie, den Datenschutz innerhalb der EU möglichst effektiv zu verwirklichen, Verbindlichkeit besitzt. Dieses Ziel der Datenschutz-Richtlinie muss auch bei der Umsetzung der Richtlinie durch die Mitgliedstaaten stets im Vordergrund stehen. Mit Art. 9 gibt die Richtlinie aber selbst die Kompetenz zur Abwägung ausdrücklich an die Mitgliedstaaten ab. Da die Abwägung damit der Kompetenz der Mitgliedstaaten zugeordnet ist, wird eine Abwägung zugunsten einer Bereichsausnahme für den Rundfunk von der Richtlinie nicht ausgeschlossen. Art. 9 verlangt zwar eine genaue Abwägung, die Ausnahmen von Datenschutzerfordernissen nur zulässt, wenn diese *notwendig* sind. Damit können die Medien nicht einfach pauschal von der Pflicht zur Beachtung datenschutzrechtlicher Vorschriften ausgenommen werden.[270] Der Abwägungsvorgang selbst wird aber von der Richtlinie dem Umsetzungsspielraum der Mitgliedstaaten zugeordnet. Die Kompetenz zur abschließenden Entscheidung über Ausnahmen vom Datenschutz der Richtlinie fällt damit den Mitgliedstaaten zu. Dies ist auch deshalb wichtig, weil die EG im Medienbereich keine umfassende Regelungskompetenz innehat. Die Rundfunk- und Kulturpolitik ist grundsätzlich Sache der Mitgliedstaaten.[271] Der EG steht gemäß Art. 151 EG nur ein begrenztes Instrumentarium zur Verfügung, um gewisse europarechtliche Akzente in der europäischen Rundfunklandschaft zu setzen. Die Entscheidung darüber, wie weit der Datenschutz in die Medienordnung hineinreicht, kann daher nicht allein auf europäischer Ebene fallen. Durch die Zuweisung der Abwägung an die Mitgliedstaaten überlässt die Richtlinie innerhalb des von ihr vorgegebenen Rahmens die Entscheidung den Mitgliedstaaten. Eine Abschaffung des vom deutschen Verfassungsrecht vorgegebenen Medienprivilegs wird daher von der Richtlinie nicht gefordert. Vielmehr überlässt die Richtlinie den Mitglied-

---

[270] Vgl. die Empfehlung der Art. 29-Datenschutzgruppe zu „Data protection law and the media", CR 1997, 258 ff.
[271] *Holznagel*, Rundfunkrecht in Europa, 132.

staaten den Spielraum, ein solches Medienprivileg aufrechtzuerhalten oder zu schaffen.[272]

Es ist aber zu untersuchen, ob Art. 9 der Richtlinie den Mitgliedstaaten möglicherweise in bestimmten Punkten verbindliche Vorgaben für die Ausgestaltung des Medienprivilegs macht. Hierfür muss zunächst der Wortlaut von Art. 9 analysiert werden. Art. 9 legt fest, dass die Mitgliedstaaten Ausnahmen von den datenschutzrechtlichen Vorgaben der Richtlinie nur für eine Verarbeitung personenbezogener Daten, die *allein* zu journalistischen Zwecken erfolgt, vorsehen dürfen. Hier stellt sich aus deutscher Sicht die Frage, ob Art. 9 der Datenschutzrichtlinie somit der Kontrolle sämtlicher Daten einer Rundfunkanstalt durch den Datenschutzbeauftragten der betreffenden Rundfunkanstalt entgegensteht. Dies ist insofern zu verneinen, als Art. 9 nur die Möglichkeit zu Ausnahmen vorsieht. Wird der Datenschutzbeauftragte beim NDR mit den von Art. 28 der Richtlinie geforderten Befugnissen ausgestattet, stellt sich die Frage einer Ausnahme von den Erfordernissen der Richtlinie nicht mehr, da die Vorgaben des Art. 28 der Richtlinie dann erfüllt sind. Eine Ausnahme gemäß Art. 9 von der Pflicht zur Einrichtung einer Kontrollstelle nach Art. 28 hätte aber zur Folge, dass die Stellung und die Kompetenzen des Datenschutzbeauftragten beim NDR nicht verändert werden müssten. Jedoch lässt Art. 9 eine Ausnahme nur bezüglich Daten zu, die *allein* zu journalistischen Zwecken verarbeitet werden. Die Daten dürfen daher ausschließlich diesem Zweck (oder einem anderen der in Art. 9 genannten Zwecke) dienen. Sobald ein andersartiger Verarbeitungszweck hinzukommt, darf die Verarbeitung insgesamt nicht privilegiert werden.[273] Dies bedeutet, dass für den Bereich der journalistisch-redaktionellen Daten eine Ausnahme von der europarechtlichen Pflicht zur Einrichtung einer Kontrollstelle nach einer genauen Abwägung durch den einzelnen Mitgliedstaat gemäß Art. 9 der Richtlinie möglich ist. Für Daten, die allein zu Verwaltungszwecken verarbeitet werden, kann jedoch keine Ausnahme nach Art. 28 vorgesehen werden.

---

[272] *Tinnefeld/Ehmann*, Einführung in das Datenschutzrecht, 66, sprechen sogar davon, dass die Richtlinie selbst ein Medienprivileg enthalte, wonach die Regelungskompetenz bezüglich der Abwägung den Mitgliedstaaten überlassen ist.

[273] *Dammann/Simitis*, EG-Datenschutzrichtlinie, Art. 9, Rdnr. 2.3.

Angesichts dieser Vorgaben könnte man überlegen, ob die Richtlinie eine Trennung von personenbezogenen Verwaltungsdaten und journalistisch-redaktionellen Daten verlangt. Dies ist insofern richtig, als die Richtlinie Ausnahmen von Art. 28 für personenbezogene Verwaltungsdaten, die in der Rundfunkanstalt anfallen, nicht zulässt, für journalistisch-redaktionelle hingegen ausdrücklich gemäß Art. 9. Dabei schreibt die Datenschutzrichtlinie aber in keinem Fall eine wohl verfassungswidrige[274] personelle Aufsplittung der Kontrolle von personenbezogenen Verwaltungsdaten einerseits durch den staatlichen Landesdatenschutzbeauftragten und journalistisch-redaktionellen Daten andererseits durch den staatsfernen Rundfunkdatenschutzbeauftragten vor. Vielmehr können die Mitgliedstaaten den Rundfunk im Bereich der journalistisch-redaktionellen Daten von den Erfordernissen der Datenschutzrichtlinie ausnehmen, im Bereich der reinen Verwaltungsdaten nicht. Das heißt, dass die Position des Datenschutzbeauftragten beim NDR bezüglich der Kontrolle der journalistischen Daten auch bei einer vollständigen Umsetzung der Datenschutzrichtlinie unverändert bleiben kann. Um den Vorgaben des Art. 28 der Datenschutzrichtlinie und des deutschen Verfassungsrechts zu genügen, muss der Rundfunkdatenschutzbeauftragte des NDR aber für personenbezogene Verwaltungsdaten, die beim NDR verwertet werden, als Kontrollstelle nach Art. 28 fungieren und daher mit umfassenderen Kontrollmöglichkeiten ausgestattet werden als dies für journalistische Daten der Fall ist. Nur so kann eine verfassungsrechtlich bedenkliche und praktisch nicht durchführbare gespaltene Zuständigkeit des Datenschutzes der Rundfunkanstalt zum Landesdatenschutzbeauftragten einerseits und zum Datenschutzbeauftragten des NDR andererseits vermieden werden.

Dass dann der Datenschutzbeauftragte beim NDR bei einer vollständigen Umsetzung der Richtlinie durch den Landesgesetzgeber die de facto kaum mögliche Trennung von personenbezogenen Verwaltungsdaten und journalistisch-redaktionellen Daten vornehmen muss, bereitet zwar in der praktischen Handhabung nicht unerhebliche Abgrenzungsschwierigkeiten. Da die Kon-

---

[274] Hierzu oben unter II. 6. Die Konsequenzen für die Stellung des Datenschutzbeauftragten beim NDR.

trolle der Daten aber in einer Hand liegt, spielen diese Schwierigkeiten in der Praxis kaum eine Rolle. Zudem erweist sich dies als die einzige Möglichkeit, dem europarechtlichen Erfordernis der Kontrolle der personenbezogenen Verwaltungsdaten zu genügen und gleichzeitig die verfassungsrechtliche Vorgabe der Staatsferne des Rundfunks zu beachten. Die Kontrolle aller vom NDR verwerteten Daten kann daher weiterhin durch den Datenschutzbeauftragten des NDR erfolgen, was auch den verfassungsrechtlichen Vorgaben entspricht. Das Europarecht gebietet jedoch, dass ihm im Bereich der nicht journalistisch-redaktionellen Daten vom einfachen Gesetzgeber umfassendere Kontrollmöglichkeiten eingeräumt werden müssen. Eine Ausnahme nach Art. 9 ist für diesen Bereich nach dem eindeutigen Wortlaut des Art. 9 nicht möglich. Da der Rundfunkdatenschutzbeauftragte für die in der Rundfunkanstalt verwerteten personenbezogenen Verwaltungsdaten Kontrollstelle nach Art. 28 sein muss, muss er auch am Verfahren der Bestellung des Gruppenvertreters nach Art. 29 beteiligt werden.

3. Ergebnis zu den europarechtlichen Vorgaben

1. Die EMRK fällt keine Entscheidung zum Verhältnis zwischen Datenschutz und Rundfunkfreiheit. Die Rundfunkfreiheit nimmt einen wichtigen Stellenwert in der EMRK sowie in der Auslegung der Konvention durch den EGMR ein. Zum Datenschutz hat der Europarat das Übereinkommen zum Schutz der Menschen bei automatischer Verarbeitung personenbezogener Daten verabschiedet.

2. Die Rundfunkfreiheit wurde vom EuGH als Gemeinschaftsgrundrecht implizit anerkannt, ein Recht auf informationelle Selbstbestimmung oder auf Datenschutz bisher nicht. Ein Vorrang der Rundfunkfreiheit gegenüber dem Recht auf Datenschutz auf europäischer Ebene kann hieraus allerdings nicht abgeleitet werden.

3. Die EU-Charta der Grundrechte enthält mit der Garantie der Rundfunkfreiheit und dem Recht auf Schutz der personenbezogenen Daten die gleiche grundrechtliche Konfliktlage wie das deutsche Verfassungsrecht. Eine Auslegung der Charta durch den EuGH zuguns-

ten des Datenschutzes oder zugunsten der Rundfunkfreiheit hat noch nicht stattgefunden.

4. Die EG-Datenschutzrichtlinie muss von den Mitgliedstaaten vollständig und effektiv umgesetzt werden. Die Wahl der Mittel zur Erreichung der Ziele der Richtlinie überlässt das Europarecht aber den einzelnen Mitgliedstaaten.

5. Bei der Umsetzung der Richtlinie sind die Vorgaben des nationalen Rechts zu beachten. Für den Datenschutz im Rundfunk müssen daher die Bundesländer Regelungen zur Umsetzung der Datenschutzrichtlinie erlassen. Eine Zentralisierung des gesamten Datenschutzes beim Bund ist nicht möglich.

6. Die Mitgliedstaaten sind grundsätzlich nach Art. 28 EG-Datenschutzrichtlinie verpflichtet, eine Kontrollstelle einzurichten. Eine Übertragung der Kontrolle auf eine Behörde wäre verfassungsrechtlich ebenso unzulässig wie eine nachträgliche Kontrolle des Rundfunkdatenschutzbeauftragten durch eine Behörde. Die Kontrollbefugnisse nach Art. 28 sind daher auf den Datenschutzbeauftragten der Rundfunkanstalt zu übertragen.

7. Die von Art. 28 geforderte völlige Unabhängigkeit der Kontrollstelle ist beim Rundfunkdatenschutzbeauftragten durch seine verfassungsrechtlich und einfachgesetzlich vorgeschriebene unabhängige Stellung gewährleistet.

8. Mit dem Beanstandungsrecht gemäß § 41 Abs. 5-7 NDR-StV besitzt der Datenschutzbeauftragten beim NDR die von Art. 28 Abs. 3 Alt. 2 vorgesehene Möglichkeit der Kontrollstelle zur Stellungnahme.

9. Die Pflicht der Kontrollstelle, regelmäßig einen veröffentlichten Bericht vorzulegen, kann mit der Veröffentlichung des Berichts des Datenschutzbeauftragten auf den Internetseiten des NDR erfüllt werden.

10. Dem Rundfunkdatenschutzbeauftragten fehlt die von Art. 28 Abs. 3 Alt. 2 vorgesehene Befugnis, die Sperrung oder Vernichtung von Daten oder ein Verarbeitungsverbot anzuordnen. Diesbezüglich muss der einfache Gesetzgeber die Rechtsstellung des Datenschutzbeauftragten beim Rundfunk zur Umsetzung des Art. 28 der Richtlinie erweitern.

11. Bei einer Ausweitung der Befugnisse des Datenschutzbeauftragten der Rundfunkanstalt muss die Möglichkeit zu rechtlichen Schritten gegen die belastenden Entscheidungen des Datenschutzbeauftragten bestehen.

12. Ist der Datenschutzbeauftragte wie beim NDR eine Kontrollstelle nach Art. 28, so muss er an der Bestellung des deutschen Vertreters der Gruppe nach Art. 29 beteiligt werden.

13. Art. 9 der Richtlinie weist die Kompetenz zur Entscheidung über Ausnahmen den Mitgliedstaaten zu. Damit belässt die Richtlinie den Mitgliedstaaten die Möglichkeit, das Medienprivileg aufrechtzuerhalten. Dies zeigt, dass die Richtlinie gerade keine – nach deutschem Recht verfassungswidrige – Aufspaltung der Kontrollbefugnisse verlangt.

14. Jedoch lässt Art. 9 Ausnahmen nur für Daten zu, die *allein* zu journalistischen Zwecken verarbeitet werden.

15. Bei der Kontrolle der journalistischen Daten kann die Position des Datenschutzbeauftragten beim NDR daher wegen der Ausnahmemöglichkeit nach Art. 9 auch bei einer vollständigen Umsetzung der Datenschutzrichtlinie unverändert bleiben.

16. Für personenbezogene Verwaltungsdaten ist eine Ausnahme von den Erfordernissen der Richtlinie gemäß Art. 9 jedoch nicht möglich. Der Rundfunkdatenschutzbeauftragte muss im Bereich der personenbezogenen Verwaltungsdaten als Kontrollstelle nach Art. 28

fungieren und daher mit den beschriebenen umfassenderen Kontrollmöglichkeiten ausgestattet werden.

V. Literaturverzeichnis

Arbeitskreis des Berufsverbandes der Datenschutzbeauftragten Deutschlands (BvD e.V.), Die zukünftige Entwicklung des BDSG in Deutschland, DuD 2001, 271

Arlt, Ute, Die Umsetzung der EG-Datenschutzrichtlinie in Hessen, DuD 1998, 12

Astheimer, Sabine, Rundfunkfreiheit – ein europäisches Grundrecht, Baden-Baden 1990

Auernhammer, Herbert, Bundesdatenschutzgesetz, Kommentar, 3. Auflage, Köln/Berlin/Bonn/München 1993

Berends, Konrad, Zulässigkeit und Grenzen einer staatlichem Rechtsaufsicht über die Rundfunkanstalten, DÖV 1975, 413

Bergmann, Lutz; Möhrle, Roland; Herb, Armin, Datenschutzrecht, Kommentar, Loseblattsammlung, Stuttgart, Stand Juni 2001

Bethge, Herbert, Die verfassungsrechtliche Position des öffentlich-rechtlichen Rundfunks in der dualen Rundfunkordnung, Baden-Baden 1996

ders., Landesrundfunkordnung und Bundeskartellrecht, Baden-Baden 1991

ders., Probleme des Gegendarstellungsrechts im öffentlich-rechtlichen Rundfunk, DÖV 1987, 309

ders., Stand und Entwicklung des öffentlich-rechtlichen Rundfunks, ZUM 1991, 337

Binder, Reinhart, Freie Rundfunkberichterstattung und Datenschutz, ZUM 1994, 257

Bizer, Johann, Ziele und Elemente der Modernisierung des Datenschutzrechts, DuD 2001, 274

Breuer, Rüdiger, Die öffentlichrechtliche Anstalt, VVDStRL 44 (1986), 211

Bumke, Ulrike, Die öffentliche Aufgabe der Landesmedienanstalten: verfassungs- und organisationsrechtliche Überlegungen zur Rechtsstellung einer verselbständigten Verwaltungseinheit, München 1995

Burkert, Herbert, Die Konvention des Europarates zum Datenschutz – Rückblick und Ausblick, CR 1988, 751

Burmeister, Joachim, Der Rundfunk unter der Herrschaft der technischen Entwicklung, in: Institut für Europäisches Medienrecht (Hrsg.), EMR-Dialog, Medienmarkt und Menschenwürde, EMR-Schriftenreihe, Band 2, München 1992, 38

Damann, Ulrich; Simitis, Spiros, EG-Datenschutzrichtlinie, Kommentar, Baden-Baden 1997

Damm, Renate, Datenschutz und Medien, AfP 1990, 7

Degenhart, Christoph, Staatsrecht I – Staatsorganisationsrecht, 17. Auflage, Heidelberg 2001

Denninger, Erhard, Staatliche Hilfe zur Grundrechtsausübung durch Verfahren, Organisation und Finanzierung, in: Isensee, Josef; Kirchhoff, Paul (Hrsg.), Handbuch des Staatsrechts, Band V, § 113, Rdnr. 4;

Diederichsen, Uwe, Die Selbstbehauptung des Privatrechts gegenüber dem Grundgesetz, Jura 1997, 57

Diller, Ansgar, Öffentlich-rechtlicher Rundfunk, in: W*ilke,* Jürgen (Hrsg.), Mediengeschichte der Bundesrepublik Deutschland, Bonn 1999, 146

Dörr, Dieter, Auskunftsansprüche gegen die Medien bei Persönlichkeitsrechtsbeeinträchtigungen, AfP 1993, 709

ders., Die Entwicklung des Medienrechts, NJW 1997, 1341

ders., Der Einfluss der Judikatur des Bundesverfassungsgerichts auf das Medienrecht, VerwArch. 2001, 149

ders., Die Spartenkanäle von ARD/ZDF und das Europarecht, München 1999

80

ders., Die verfassungsrechtliche Stellung der Deutschen Welle, München 1998

ders., Faires Verfahren, Gewährleistung im Grundgesetz der Bundesrepublik Deutschland, Kehl am Rhein/Straßburg 1984

ders., Programmvielfalt im öffentlich-rechtlichen Rundfunk durch funktions-gerechte Finanzausstattung, Baden-Baden 1997/1998

ders., Unabhängig und gemeinnützig – Ein Modell von gestern? in: *ARD* (Hrsg.), 50 Jahre ARD, Baden-Baden 2000, 12

Dörr, Erwin; *Schmidt, Dietmar*, Neues Bundesdatenschutzgesetz, Handkom-mentar, 2. Auflage, Köln 1991

Dreier, Horst (Hrsg.), Grundgesetz-Kommentar, Band I, Tübingen 1996

Duttge, Gunnar, Recht auf Datenschutz?, Der Staat 36 (1997), 281

ders., Was bleibt noch von der Wissenschaftsfreiheit?, NJW 1998, 1615

Eberle, Carl-Eugen, Informationsrecht - der große Wurf?, CR 1992, 757

ders., Selbstkontrolle und Persönlichkeitsschutz in den elektronischen Medien, in: Mestmäcker, Ernst-Joachim (Hrsg.), Selbstkontrolle und Persönlichkeitsschutz in den Medien, Gütersloh 1990, 49

Ehmann, Eugen; *Helfrich, Marcus*, Datenschutzrichtlinie, Kurzkommentar, Köln 1999

Eifert, Martin, Funktionsauftrag: Funktionserfüllung als Auftrag und Aufga-be, epd medien Nr. 11 vom 12. 2. 2000, 3

Fechner, Frank, Medienrecht, 2. Auflage, Tübingen 2001

Flechsig, Norbert (Hrsg.), Kommentar zum SWR-Staatsvertrag, Baden-Baden 1997

ders., Presse- und Rundfunkfreiheit, CR 1999, 327

Fromm, Michael, Öffentlich-rechtlicher Programmauftrag und Rundfunkföderalismus, Baden-Baden 1998

ders.; Fuhr, Ernst; Rudolf, Walter; Wasserburg, Klaus, Recht der Neuen Medien, Heidelberg 1989

Gall, Andreas, Datenschutz im öffentlich-rechtlichen Rundfunk, DuD 1993, 383

Gerhold, Diethelm; Heil, Helmut, Das neue Bundesdatenschutzgesetz 2001, DuD 2001, 377

Giesen, Thomas, Unabhängigkeit und Rechtskontrolle der Kontrollstellen nach Art. 28 der EG-Datenschutzrichtlinie, DuD 1997, 529

Goerlich, Helmut, Grundrechte als Verfahrensgarantien, Ein Beitrag zum Verständnis des Grundgesetzes für die Bundesrepublik Deutschland, Baden-Baden 1981

Gola, Peter, Das Recht auf informationelle Selbstbestimmung in der aktuellen Rechtsprechung, RDV 1988, 109

ders.; Klug, Christoph, Die Entwicklung des Datenschutzrechts in den Jahren 2000/2001, NJW 2001, 3747

ders.; Schomerus, Rudolf, Bundesdatenschutzgesetz mit Erläuterungen, 6. Auflage, München 1997

Gornig, Gilbert, Die Schrankentrias des Art. 5 II GG, JuS 1988, 274

Grabitz, Eberhard; Hilf, Meinhard, Das Recht der Europäischen Union, Kommentar, Band III, Loseblattsammlung, München, Stand Mai 2001

Häberle, Peter, Grundrechte im Leistungsstaat, VVDStRL 30, 43

Hager, Johannes, Persönlichkeitsschutz gegenüber Medien, Jura 1995, 566

Hartstein, Reinhart; Ring, Wolf-Dieter; Kreile, Johannes; Dörr, Dieter; Stettner, Rupert, Rundfunkstaatsvertrag, Kommentar, Band II, Loseblattsammlung, München/Berlin, Stand Mai 2001

Haslach, Christian, Unabhängige Datenschutzkontrolle nach Art. 28 EG-Datenschutzrichtlinie, DuD 1999, 466

ders., Unmittelbare Anwendung der EG-Datenschutzrichtlinie, DuD 1998, 693

Hein, Gabriele, Rundfunkspezifische Aspekte des neuen Bundesdatenschutzgesetzes, NJW 1991, 2614

Herb, Armin, Aufgaben und Stellung der Datenschutzbeauftragten bei den öffentlich-rechtlichen Rundfunkanstalten, DuD 1993, 38

ders., Das Datenschutzrecht in der Bundesrepublik Deutschland, Neue Justiz 1991, 97

Herdegen, Matthias, Europarecht, 3. Auflage, München 2001

Herrmann, Günter, Rundfunkrecht, München 1994

Hesse, Albrecht, Bestand und Bedeutung der Grundrechte in der Bundesrepublik Deutschland, EuGRZ 1978, 427

ders., Rundfunkrecht, 2. Auflage, München 1999

Hoffmann-Riem, Wolfgang, Informationelle Selbstbestimmung in der Informationsgesellschaft - Auf dem Weg zu einem neuen Konzept des Datenschutzes -, AöR 123 (1998), 513

ders., Rundfunkrecht in Europa, Tübingen 1996

ders., Stadien des Rundfunk-Richterrechts, in: Jarren, Otfried (Hrsg.), Medienwandel – Gesellschaftswandel ?, Hamburg 1994

Hoppe, Bernd, Die „allgemeinen Gesetze" als Schranke der Meinungsfreiheit, JuS 1991, 734

Jacob, Joachim, Perspektiven des neuen Datenschutzrechts, DuD 2000, 5

Jarass, Hans, Die Freiheit des Rundfunks vom Staat, Berlin 1981

ders., Die neuen Privatfunk-Gesetze im Vergleich, ZUM 1986, 303

ders.; *Pieroth, Bodo*, Grundgesetz für die Bundesrepublik Deutschland, Kommentar, 5. Auflage, München 2000

Kopp, Ferdinand, Das EG-Richtlinienvorhaben zum Datenschutz, RDV 1993, 1

ders., Tendenzen der Harmonisierung des Datenschutzrechts in Europa, DuD 1995, 204

Krause, Peter, Das Recht auf informationelle Selbstbestimmung – BVerfGE 65, 1, JuS 1984, 268

Kugelmann, Dieter, Der Rundfunk und die Dienstleistungsfreiheit des EWG-Vertrages, Berlin 1991

Kunig, Philip, Der Grundsatz informationeller Selbstbestimmung, Jura 1993, 595

Laubinger, Hans-Werner, Grundrechtsschutz durch Gestaltung des Verwaltungsverfahrens, VerwArch 73, 60

Lepper, Ulrich; *Wilde, Christian Peter*, Unabhängigkeit der Datenschutzkontrolle. Zur Rechtslage im Bereich der Privatwirtschaft, CR 1997, 703

Libertus, Michael, Access-Providing durch öffentlich-rechtliche Rundfunkanstalten, ZUM 1999, 889

Löffler, Martin; *Ricker, Reinhart*, Handbuch des Presserechts, 3. Auflage, München 1994

Mahrenholz, Ernst, Die gesellschaftliche Bedeutung des öffentlich-rechtlichen Rundfunks, ZUM 1995, 508

84

Maunz, Theodor; Dürig, Günter (Hrsg.), Grundgesetz-Kommentar, Band 1, Loseblattsammlung, München, Stand Juli 2001

Maunz, Theodor; Zippelius, Reinhold, Deutsches Staatsrecht, 30. Auflage, München 1998

Maurer, Hartmut, Staatsrecht I, Grundlagen – Verfassungsorgane – Staatsfunktionen, 2. Auflage, München 2001

Michel, Eva-Maria, Rundfunk und Internet, ZUM 1998, 350

Niepalla, Peter, Die Grundversorgung durch die öffentlich-rechtlichen Rundfunkanstalten, München 1990

Nungesser, Jochen, Hessisches Datenschutzgesetz unter Berücksichtigung der EG-Datenschutzrichtlinie, 2. Auflage, Mainz 2001

Ossenbühl, Fritz, Kernenergie im Spiegel des Verfassungsrechts, DÖV 1981, 1

Paschke, Marian, Medienrecht, 2. Auflage, Berlin/Heidelberg 2001

Pernice, Ingolf, Kriterien der normativen Umsetzung von Umweltrichtlinien der EG im Lichte der Rechtsprechung des EuGH, EuR 1994, 325

Pietzcker, Jost, Das Verwaltungsverfahren zwischen Verwaltungseffizienz und Rechtsschutzauftrag, VVDStRL 41, 193

Pieroth, Bodo; Schlink, Bernhard, Grundrechte – Staatsrecht II, 17. Auflage, Heidelberg 2001

Plog, Jobst, Selbstkontrolle in den öffentlich-rechtlichen Rundfunkanstalten, in: Mestmäcker, Ernst-Joachim (Hrsg.), Selbstkontrolle und Persönlichkeitsschutz in den Medien, Gütersloh 1990, 71

Probst, Philippe Marc, Art. 10 EMRK – Bedeutung für den Rundfunk in Europa, Baden-Baden 1996

Ring, Wolf-Dieter, Der Vierte Rundfunkänderungsstaatsvertrag - Rechtsfolgen für die Praxis, ZUM 2000, 177

Rosenthal, Michael, Die Kompetenz der Europäischen Gemeinschaft für den rechtlichen Rahmen der Informationsgesellschaft, Berlin 1998

Roßnagel, Alexander; *Pfitzmann, Andreas*; *Garstka, Hansjürgen*, Modernisierung des Datenschutzrechts, Gutachten im Auftrag des Bundesministeriums des Innern, Berlin 2001

dies., Modernisierung des Datenschutzrechts, DuD 2001, 253

Rost, Wilfried, Umsetzung der EG-Datenschutzrichtlinie durch das neue Hessische Datenschutzgesetz, www.hessennet.de/kgrz/Info/Kontakt/-Seite3_4.htm.

Rudolf, Walter, Datenschutz – Ein Grundrecht, in, Arndt, Hans-Wolfgang; Geis, Max-Emanuel; Lorenz, Dieter (Hrsg.), Staat – Kirche – Verwaltung, Festschrift für Hartmut Maurer, München 2001, 269

Sachs, Michael (Hrsg.), Grundgesetz - Kommentar, 2. Auflage, München 1999

ders., Verfassungsrecht II – Grundrechte, Heidelberg 2000

Scheble, Roland, Grundversorgung - Definition und Umfang, ZUM 1995, 383

Schild, Hans-Hermann, Der behördliche Datenschutzbeauftragte, DuD 2001, 31

ders., Zur Novellierung des BDSG, DuD 1997, 720

Schiwy, Peter; *Schütz, Walter* (Hrsg.), Medienrecht, 3. Auflage, Neuwied/Kriftel/Berlin 1994

Schlemann, Berndt, Recht des betrieblichen Datenschutzbeauftragten, Köln 1996

86

Schmidt-Aßmann, Eberhard, Der Verfahrensgedanke in der Dogmatik des öffentlichen Rechts, in: Lerche, Peter; Schmitt Glaeser, Walter; Schmidt-Aßmann, Eberhard (Hrsg.), Verfahren als staats- und verwaltungsrechtliche Kategorie, 1

Schrader, Hans-Hermann, Datenschutz und Auskunftsansprüche im Rundfunkbereich, AfP 94, 114

Schreier, Torsten, Das Selbstverwaltungsrecht der öffentlich-rechtlichen Rundfunkanstalten, Frankfurt am Main 2001

Schwarze, Jürgen (Hrsg.), EU-Kommentar, Baden-Baden 2000

Simitis, Spiros, Auf dem Weg zu einem neuen Datenschutzkonzept, DuD 2000, 12

ders., Datenschutz und „Medienprivileg", AfP 1990, 14

ders., Die informationelle Selbstbestimmung – Grundbedingung einer verfassungskonformen Informationsordnung, NJW 1984, 398

ders., Zur Verwertung von Arbeitnehmerdaten für publizistische Zwecke – Einfluss und Grenzen des Datenschutzes, in: Studienkreis für Presserecht und Pressefreiheit (Hrsg.), Presserecht und Pressefreiheit, Festschrift für Martin Löffler, München 1980, 319

ders.; Damann, Ulrich; Mallmann, Otto; Reh, Hans-Joachim, Dokumentation zum Bundesdatenschutzgesetz, Loseblattsammlung, Baden-Baden, Stand: September 2001

Stettner, Rupert, Rundfunkstruktur im Wandel, Rechtsgutachten zur Vereinbarkeit des Bayerischen Medienerprobungsgesetzes der Bayerischen Verfassung, München 1988

Stock, Martin, Medienfreiheit als Funktionsgrundrecht, München 1985

ders., Medienfreiheit in der EU-Grundrechtscharta: Art. 10 EMRK ergänzen und modernisieren !, Frankfurt am Main 2000

Streinz, Rudolf, Europarecht, 5. Auflage, Heidelberg 2001

Tinnefeld, Marie-Theres, Die Europäische Union – Entstehung, Tendenzen, Probleme, Fragen des Datenschutzes, DuD 1995, 18

dies.; Ehmann, Eugen, Einführung in das Datenschutzrecht, 3. Auflage, München 1998

Trosch, Daniel, Unmittelbare Anwendung der EG-Datenschutzrichtlinie, DuD 1998, 724

Vogelsang, Klaus, Grundrecht auf informationelle Selbstbestimmung ?, Baden-Baden 1987

von Münch, Ingo; Kunig, Philip, Grundgesetz-Kommentar, Band 1, 4. Auflage, München 1992

von Mutius, Albert, Grundrechtsschutz contra Verwaltungseffizienz im Verwaltungsverfahren ?, NJW 1982, 2150

Wahl, Rainer, Verwaltungsverfahren zwischen Verwaltungseffizienz und Rechtsschutzauftrag, VVDStRL 41, 151

Weichert, Thilo, Anforderungen an das Datenschutzrecht für das Jahr 2000, DuD 1997, 716

ders., Datenschutz als Verbraucherschutz, DuD 2001, 264

Wilde, Christian Peter, Novellierung des Bayrischen Datenschutzgesetzes, RDV 2001, 36

Wurst, Matthias, Auf dem Weg zu einem einheitlichen Datenschutzrecht in der europäischen Gemeinschaft, JuS 1991, 448

VI. Anlage: Auszug aus dem NDR-Staatsvertrag vom 1.3.1992

§ 41 Datenschutz

(1) Für den Datenschutz beim NDR gilt das Hamburgische Datenschutzgesetz (HmbDSG) vom 5. Juli 1990 (Hamburgisches Gesetz- und Verordnungsblatt Seiten 133, 165, 226), soweit nachfolgend nichts anderes bestimmt ist. § 2 Absatz 4 und § 31 HmbDSG sind für den NDR nicht mehr anzuwenden; die §§ 21 bis 23, 25 und 26 HmbDSG gelten nicht für den NDR.

(2) Der Verwaltungsrat bestellt für den NDR einen Datenschutzbeauftragten oder eine Datenschutzbeauftragte und trifft eine Vertretungsregelung. Der Datenschutzbeauftragte oder die Datenschutzbeauftragte ist in der Ausübung dieses Amtes unabhängig und nur dem Gesetz unterworfen. Dies gilt nicht, soweit er oder sie weitere Aufgaben innerhalb der Anstalt wahrnimmt. Er oder sie untersteht der Dienstaufsicht des Verwaltungsrates.

(3) Der oder die Datenschutzbeauftragte überwacht die Einhaltung der Vorschriften über den Datenschutz bei der Tätigkeit des NDR. Dies gilt auch für den Fall, dass Dritte im Auftrage des NDR tätig werden. Der oder die Datenschutzbeauftragte kann Empfehlungen zur Verbesserung des Datenschutzes geben; insbesondere soll er oder sie den Intendanten oder die Intendantin und den Verwaltungsrat in Fragen des Datenschutzes beraten. Der Intendant oder die Intendantin unterstützt den Datenschutzbeauftragten oder die Datenschutzbeauftragte bei der Erfüllung dessen oder deren Aufgaben. Dem oder der Datenschutzbeauftragten ist dabei

1. insbesondere Auskunft zu Fragen sowie Einsicht in alle Unterlagen und Akten zu gewähren, die im Zusammenhang mit der Verarbeitung personenbezogener Daten stehen, namentlich in die gespeicherten Daten und die Datenverarbeitungsprogramme,

2. jederzeit Zutritt zu allen Diensträumen zu gewähren. Gesetzliche Geheimhaltungsvorschriften können einem Auskunfts- oder Einsichtsverlangen nicht entgegengehalten werden.

(4) Für den Datenschutzbeauftragten oder die Datenschutzbeauftragte gilt hinsichtlich des Dateiregisters des NDR § 24 HmbDSG entsprechend.

(5) Stellt der oder die Datenschutzbeauftragte Verstöße gegen Datenschutzbestimmungen oder sonstige Mängel bei der Verarbeitung personenbezogener Daten fest, beanstandet er oder sie diese gegenüber dem Intendanten oder der Intendantin und fordert zur Stellungnahme innerhalb einer von ihm oder ihr zu bestimmenden Frist auf. Die Stellungnahme soll auch eine Darstellung der Maßnahmen enthalten, die auf Grund der Beanstandung des oder der Datenschutzbeauftragten getroffen worden sind. Wird der Verstoß oder sonstige Mangel nicht innerhalb der gesetzten Frist behoben, richtet der oder die Datenschutzbeauftragte eine weitere Beanstandung an den Verwaltungsrat.

(6) Der oder die Datenschutzbeauftragte kann von einer Beanstandung absehen oder auf eine Stellungnahme des NDR verzichten, insbesondere wenn es sich um Fälle von geringer Bedeutung handelt oder wenn die Behebung der Mängel sichergestellt ist.

(7) Mit der Beanstandung kann der oder die Datenschutzbeauftragte Vorschläge zur Beseitigung der Mängel und zur sonstigen Verbesserung des Datenschutzes verbinden.

(8) Jeder Bürger und jede Bürgerin kann sich an den Datenschutzbeauftragten oder die Datenschutzbeauftragte wenden, wenn er oder sie der Ansicht ist, bei der Verarbeitung seiner oder ihrer personenbezogenen Daten durch den NDR oder in dessen Auftrag tätig werdende Dritte in seinen oder ihren schutzwürdigen Interessen verletzt worden zu sein.

(9) Der oder die Datenschutzbeauftragte erstattet dem Verwaltungsrat jährlich einen Tätigkeitsbericht.

§ 42 Datenschutz im journalistisch-redaktionellen Bereich

(1) Soweit der NDR personenbezogene Daten ausschließlich zu eigenen journalistisch-redaktionellen Zwecken verarbeitet, gelten nur die §§ 7 und 8 HmbDSG.

(2) Die Übermittlung personenbezogener Daten, die zu journalistisch-redaktionellen Zwecken verarbeitet werden, ist nur zulässig, wenn sie an andere öffentlich-rechtliche Rundfunkanstalten und deren Hilfsunternehmen im Rahmen journalistisch-redaktioneller Zusammenarbeit erfolgt.

(3) Führt die journalistisch-redaktionelle Verwendung personenbezogener Daten zu Gegendarstellungen der Betroffenen oder zu Erklärungen, Verfügungen oder gerichtlichen Entscheidungen über die Unterlassung der Verbreitung oder über den Widerruf des Inhalts der Daten, sind die Gegendarstellungen, Unterlassungserklärungen, gerichtlichen Entscheidungen sowie Widerrufe zu den gespeicherten Daten zu nehmen und dort für dieselbe Zeitdauer aufzubewahren wie die Daten selbst sowie bei einer Übermittlung der Daten gemeinsam mit diesen zu übermitteln.

(4) Wird jemand durch eine Berichterstattung in seinen schutzwürdigen Interessen beeinträchtigt, kann der oder die Betroffene Auskunft über die der Berichterstattung zugrunde liegenden zu seiner oder ihrer Person gespeicherten Daten verlangen. Die Auskunft kann nach Abwägung der schutzwürdigen Interessen der Beteiligten verweigert werden, soweit

1. aus den Daten auf Personen, die bei der Vorbereitung, Herstellung oder Verbreitung von Rundfunksendungen berufsmäßig journalistisch mitwirken oder mitgewirkt haben, geschlossen werden kann,

2. aus den Daten auf die Person des Einsenders oder des Gewährträgers von Beiträgen, Unterlagen und Mitteilungen für den redaktionellen Teil geschlossen werden kann,

3. durch die Mitteilung der recherchierten oder sonst erlangten Daten die journalistische Aufgabe des NDR durch Ausforschung des Informationsbestandes beeinträchtigt würde.

(5) Der oder die Betroffene kann die Berichtigung unrichtiger Daten oder die Hinzufügung einer eigenen Darstellung von angemessenem Umfang verlangen.

VII. Summary

Broadcasting and data protection - The position of the data protection officer at Norddeutscher Rundfunk (NDR)

This evaluation takes into account the provisions of German constitutional law and European law.

1. Conclusion on the provisions of German constitutional law

1. Data protection in broadcasting highlights the conflict in terms of basic rights relating to freedom of broadcasting on the one hand, which is indispensable to providing information to the public in a democratic society, and each person's right to data protection on the other.

2. Freedom of broadcasting represents a means to serve the public and as such a third party right to freedom. Freedom of broadcasting promotes the free forming of an opinion both at individual and public level, making it a prerequisite for a functioning democratic society.

3. The concept of freedom of broadcasting as a means to serve the public results in the obligation of public service broadcasters to provide a basic public service.

4. The principle that public service broadcasters should be autonomous, which is closely linked to the requirement of diversity, is embodied in the constitutional requirement that broadcasters shall not be subject to government authority.

5. The conflict between the right of indivduals to determine how their personal data is used and freedom of broadcasting is solved appropriately by the media privilege*, which represents the implementation by the legislator of the constitutional requirement stipulated in § 5 Para.

---

* The media privilege enables the media to store and use certain personal data for their purposes without this constituting a violation of data protection legislation.

1 Clause 2 GG (Constitution of the Federal Republic of Germany). In the case of public service broadcasting, the principle of in dubio pro securitate applied under data protection legislation must therefore be replaced, in favour of freedom of broadcasting, with the principle of in dubio pro libertate.

6. The protection of basic rights by means of specific procedures is decisive with regard to safeguarding the freedom of broadcasting. Under the constitution, it is the legislator's duty to consolidate the freedom of broadcasting through rules of procedure.

7. With the exception of Deutsche Welle, to which § 41 BDSG (German Federal Data Protection Act) applies, the individual German federal states have responsibility for data protection in broadcasting.

8. The requirement that public service broadcasters shall not be subject to government authority means that authorities must not interfere with the programming of public service broadcasters. In addition, the organisational structure of public service broadcasters shall not be subject to government authority, which means that the requirement of independence from the government also results in the right of self-government for public service broadcasters.

9. Given the requirement of independence from government authority, the monitoring of data protection in broadcasting through external public authorities is inadmissible under the constitution. It is therefore a requirement of constitutional law that each broadcaster appoint its own data protection officer.

10. The data protection officer is independent in his office and solely subject to the law. He has a function similar to that of a judge and cannot therefore take instructions from anyone.

11. The procedure for appointing data protection officers in broadcasting stipulated by the legislator must ensure the data protection officer's independence. If the position of data protection officer is in addition

to regular duties, particular care must be taken to ensure that the different tasks are divided at organisational level.

12. In order to ensure his independence, the data protection officer must be given his own budget. The budget must at least cover the costs of running his own office.

13. Since it is virtually impossible to separate administrative personal data from journalistic and editorial data in practice, data protection officers in broadcasting must check all the data stored by the relevant public service broadcaster.

2. Conclusions on the provisions of European law

1. The ECHR provides no decision on the relationship between data protection and freedom of broadcasting. Freedom of broadcasting is given great importance by the ECHR and also in the European Court of Human Rights' interpretation of the convention. Regarding data protection the Council of Europe has adopted the Convention for the Protection of Individuals with regard to Automatic Processing of Personal Data.

2. Freedom of broadcasting was implicitly recognised by the European Court of Justice as a Community basic right, although there has been no such recognition of the right of indivduals to determine how their personal data is used and of data protection to date. It cannot, however, be derived from this that freedom of broadcasting takes priority over the right to data protection at European level.

3. The Charter of Fundamental Rights of the EU, which guarantees freedom of broadcasting and the right to protection of personal data, contains the same constitutional conflict as German constitutional law. To date, the European Court of Justice has not provided an interpretation of the Charter in favour of either data protection or freedom of broadcasting.

4. The EC Directive on Personal Data Protection must be effectively implemented in full by the member states. However, under Community law, the choice of means to achieve the aims of the Directive is at the discretion of the individual member states.

5. When implementing the Directive, the provisions of national law must be taken into account. In Germany, the federal states must therefore pass relevant regulations on data protection in broadcasting to implement the Data Protection Directive. It is not possible for the German Federation (Bund) to be responsible for centralised overall data protection.

6. Under § 28 EC Data Protection Directive, the member states must undertake, in principle, to set up a supervisory office. Transferring the supervisory obligations to a public authority would be inadmissible under constitutional law, as would subsequent supervision of the data protection officer by a public authority. The supervisory powers specified in § 28 must therefore be transferred to the data protection officer of a broadcaster.

7. The total independence of the supervisory office provided for by § 28 is guaranteed for data protection officers in broadcasting by the fact that their independence is stipulated both in the constitution and by the legislator.

8. With the right to make a complaint as per § 41 Paras. 5-7 NDR-StV (NDR State Treaty), the NDR data protection officer has the option of giving an opinion as provided for in § 28 Para. 3 Option 2 for the supervisory office.

9. The supervisory office's obligation to regularly submit a published report, may be fulfilled by posting the data protection officer's report on the NDR website.

10. In broadcasting, the data protection officer lacks the authorisation to instruct that data be blocked or destroyed/deleted, or to issue a ban on

processing data as provided for in § 28 Para. 3 Option 2. In this respect, an expansion of the legal position of data protection officers in broadcasting by the legislator is needed in order to implement § 28 of the Directive.

11. When the powers of data protection officers are expanded, the possibility of taking legal action against the charges made by the data protection officer must be in place.

12. In the event of the data protection officer being a supervisory office as per § 28, as is the case at NDR, he must be involved in the appointment of the German representative of the group as per § 29.

13. § 9 of the Directive stipulates that the member states are responsible for making decisions on exceptions. The Directive therefore provides the member states with the option of maintaining the media privilege. This demonstrates that the Directive does *not* require a division of supervisory powers, which would be unconstitutional under German law.

14. However, § 9 only permits exceptions with regard to data which is exclusively being processed for journalistic purposes.

15. On the basis of exceptions as per § 9, the position of the NDR data protection officer may therefore remain unchanged with regard to checking journalistic data, even if the Data Protection Directive is implemented in full.

16. However, an exemption from the requirements of the Directive as per § 9 is not possible for administrative personal data. With regard to administrative personal data, data protection officers in broadcasting must act as the supervisory office as per § 28, and as a result must be equipped with the comprehensive supervisory powers described.

**Studien zum deutschen
und europäischen Medienrecht**

Herausgegeben von Dieter Dörr
mit Unterstützung der Dr. Feldbausch Stiftung

Band 1   Peter Charissé: Die Rundfunkveranstaltungsfreiheit und das Zulassungsregime der Rund-
funk- und Mediengesetze. Eine verfassungs- und europarechtliche Untersuchung der sub-
jektiv-rechtlichen Stellung privater Rundfunkveranstalter. 1999.

Band 2   Dieter Dörr: Umfang und Grenzen der Rechtsaufsicht über die Deutsche Welle. 2000.

Band 3   Claudia Braml: Das Teleshopping und die Rundfunkfreiheit. Eine verfassungs- und europarechtliche Untersuchung im Hinblick auf den Rundfunkstaatsvertrag, den Mediendienste-
Staatsvertrag, das Teledienstegesetz und die EG-Fernsehrichtlinie. 2000.

Band 4   Dieter Dörr, unter Mitarbeit von Mark D. Cole: *Big Brother* und die Menschenwürde. Die
Menschenwürde und die Programmfreiheit am Beispiel eines neuen Sendeformats. 2000.

Band 5   Martin Stock: Medienfreiheit in der EU-Grundrechtscharta: Art. 10 EMRK ergänzen und
modernisieren! 2000.

Band 6   Wolfgang Lent: Rundfunk-, Medien-, Teledienste. Eine verfassungsrechtliche Untersuchung des Rundfunkbegriffs und der Gewährleistungsbereiche öffentlich-rechtlicher Rundfunkanstalten unter Berücksichtigung einfachrechtlicher Abgrenzungsfragen zwischen
Rundfunkstaatsvertrag, Mediendienstestaatsvertrag und Teledienstegesetz. 2001.

Band 7   Torsten Schreier: Das Selbstverwaltungsrecht der öffentlich-rechtlichen Rundfunkanstalten. 2001.

Band 8   Dieter Dörr: Sport im Fernsehen. Die Funktionen des öffentlich-rechtlichen Rundfunks bei
der Sportberichterstattung. 2000.

Band 9   Dieter Dörr (Hrsg.): www.otello.de. Klassik nur noch im Internet oder per pay? Symposium
aus Anlass des 85. Geburtstages von Professor Dr. Heinz Hübner. 2000.

Band 10   Markus Nauheim: Die Rechtmäßigkeit des Must-Carry-Prinzips im Bereich des digitalisier-
ten Kabelfernsehens in der Bundesrepublik Deutschland. Illustriert anhand des Vierten
Rundfunkänderungsstaatsvertrages. 2001.

Band 11   Stefan Sporn: Die Ländermedienanstalt. Zur Zukunft der Aufsicht über den privaten Rundfunk in Deutschland und Europa. 2001.

Band 13   Dieter Dörr / Stephanie Schiedermaier: Rundfunk und Datenschutz. Die Stellung des Datenschutzbeauftragten des Norddeutschen Rundfunks. Eine Untersuchung unter besonderer Berücksichtigung der verfassungsrechtlichen und europarechtlichen Vorgaben. 2002.

Peter Lang · Europäischer Verlag der Wissenschaften

Hüseyin Özcan

Rundfunkfreiheit in Deutschland und in der Türkei

Unter Berücksichtigung der Staatsferne des Rundfunks

Frankfurt/M., Berlin, Bern, Bruxelles, New York, Oxford, Wien, 2002. 461 S.
Studien zum Internationalen, Europäischen und Öffentlichen Recht.
Herausgegeben von Eibe Riedel. Bd. 11
ISBN 3-631-38012-7 · br. € 65.40*

Diese rechtsvergleichende Arbeit beschäftigt sich mit der Problematik der Rundfunkfreiheit in Deutschland und der Türkei. Sie versucht die Notwendigkeit der staatsfernen Struktur des Rundfunks zu veranschaulichen. Art. 5 GG und Art. 133 TVerf. i.V.m. Art. 26 TVerf. fordern einen Rundfunk, der bei der Gestaltung der Programme von staatlichen Einflüssen jeder Art unabhängig ist. Dieses kann nur dann verwirklicht werden, wenn die Organisation der Rundfunkanstalten staatsfern ausgerichtet ist. Nach einer Darstellung des Ziels und Zwecks der Staatsferne des Rundfunks wird die organisatorische Struktur des Rundfunks in beiden Ländern analysiert. Hierbei handelt es sich um die Struktur der öffentlich-rechtlichen Rundfunkanstalten, die Besetzung ihrer Aufsichtsgremien und die Struktur und Besetzung der Aufsichtsgremien der privaten Rundfunkanstalten in beiden Ländern. Auch die Struktur der finanziellen Abhängigkeit/Unabhängigkeit dieser Gremien – und die Art der Beteiligung und Aufsicht des Staates über diese Gremien – soll dargelegt werden. Letztlich befaßt sich diese Arbeit mit dem Rundfunk *de lege ferenda* am Beispiel der Türkei.

Aus dem Inhalt: Staatsferne des Rundfunks · Art. 5 Abs. 2 S. 2 GG und Art. 133 Tverf. i.V.m. Art. 26 Tverf. · Landesmedienanstalten · Die Struktur der öffentlich-rechtlichen Rundfunkanstalten der beiden Länder · Der Rundfunk *de lege ferenda* in der Türkei

Frankfurt/M · Berlin · Bern · Bruxelles · New York · Oxford · Wien
Auslieferung: Verlag Peter Lang AG
Moosstr. 1, CH-2542 Pieterlen
Telefax 00 41 (0) 32 / 376 17 27

*inklusive der in Deutschland gültigen Mehrwertsteuer
Preisänderungen vorbehalten
Homepage http://www.peterlang.de

www.ingramcontent.com/pod-product-compliance
Lightning Source LLC
LaVergne TN
LVHW052306060326
832902LV00021B/3735